Das ultimative Mindset

Entwickle ein kraftvolles Mindset für sofort mehr Motivation, Erfolg und Glück

PERFORMANCE MINDSET
by Lutz Schmidt

Lutz Schmidt

Auflage 1
Autor: Lutz Schmidt

Inhaltsverzeichnis

Ziel des Buches

Nach dem Lesen dieses Buches hast du einen ganz klaren Leitfaden, wie du deine Ziele erreichst und sie auf deine Leidenschaften, Interessen und Werte ausrichten kannst, ohne dich jemals wieder zu verbiegen. Du wirst Schritt für Schritt durch einen einzigartigen Prozess geführt, der deine Motivation dauerhaft entfesselt und aufrechterhält. Du wirst dadurch mehr Flow in deinem Alltag erleben. Neueste Studien von McKinsey und Co. haben gezeigt, dass wir in diesem Zustand um das Fünffache produktiver sind.

Du hältst mit diesem Buch den Schlüssel für deinen zukünftigen Erfolg in Händen. Mein Anspruch ist es, dich durch diesen Prozess zu begleiten und dir zu zeigen, wie du das Schloss zu deinem Potenzial öffnen kannst. Du hast dabei jederzeit die Möglichkeit, mich zu kontaktieren und individuell mit mir zu arbeiten. Wenn du das Buch bis zum Ende gelesen hast und die darin enthalten Übungen ausprobierst, wirst du positive Veränderungen in deinem Leben bemerken. Ich versichere dir, dass du schon nach kurzer Zeit mehr Glück und Zufriedenheit empfinden wirst, wenn du bereit bist, dich auf diesen Prozess einzulassen.

Links & Ressourcen

Zur Vertiefung und als Ergänzung kannst du dir mein kostenloses E-Book „Die 7 größten Mindset-Fehler" herunterladen. Dort findest du in kompakten Artikeln die typischen Mindset-Fehler und Tipps und Tricks, wie du sie korrigieren kannst.

Darüber hinaus kannst du dich zu meinem online Training “Mindset Basic Kurs” anmelden: Hier lernst du Schritt für Schritt, wie du dein Mindset auf eine neue Ebene bringst.
Der Kurs ist so aufgebaut, dass du mit minimalem Aufwand langfristig außerordentliche Ergebnisse erzielst.

So nutzt du dieses Buch

Dieses Buch soll dich dabei unterstützen, ein ultimatives Mindset zu entwickeln und es in deinen Alltag zu integrieren.

Du findest in jedem Kapitel eine oder mehrere Übungen zu dem jeweiligen Thema. Wie du dabei vorgehst, bleibt dir überlassen. Du kannst das Buch in einem Durchgang lesen und dann die Übungen dazu machen, oder du machst die Übungen direkt beim ersten Mal.

Ich empfehle dir unbedingt, die Übungen schriftlich zu machen, wenn möglich handschriftlich in einem Notizbuch oder in der dafür vorgesehen Seite unter: Notizen.

Es ist auch hilfreich, die Übungen öfter zu machen oder in einem zeitlichen Abstand von ein paar Wochen erneut die verschiedenen Aufgaben zu bearbeiten.

Einleitung

Seit über 20 Jahren beschäftige ich mich mit Persönlichkeitsentwicklung, Psychologie und Coaching. Es war damals die Sehnsucht, mehr Kontrolle über mein Leben zu bekommen, damit ich glücklicher und erfolgreicher werde. Dank meinen Ausbildungen in Acceptance und Commitment Therapie, Focusing, systemischer Therapie, Hypnose und vielen anderen mehr, erkannte ich mit der Zeit die dahinter liegenden Prinzipien. Der Weg zu diesem Punkt war steinig und rückblickend hätte ich mir ein Buch wie dieses gewünscht, das mich vom Beginn an meiner Reise begleitet und mir wichtige Fragen beantwortet.

Einige Dinge, die ich lernte und ausprobierte führten zu einem widersprüchlichen Ergebnis. Andere funktionierten ganz gut, jedoch nicht dauerhaft. Es war somit für mich unabdingbar, herauszufinden was die gemeinsamen Faktoren sind und welche Konzepte übergreifend funktionieren.

Mir war schon als Kind klar, dass nur wir selbst die Verantwortung für unser Leben haben und uns auf gewisse Weise unsere Realität erschaffen. Ich wusste, wenn ich nichts ändern würde, dann würde sich alles wiederholen.

Diese Vorstellung war erschreckend und motivierend zugleich.
Ich sah, wie destruktiv die Beziehung meiner Eltern war, wie sie sich mir gegenüber verhielten und wie

sich so gut wie jeden Montag die immer gleichen Muster wiederholten.
Mir war klar, dass ich das niemals wollte. Doch hatte ich keinen Plan, wie ich es anders machen sollte.

Ich war mir jedoch absolut sicher, dass es eine Frage meiner Mentalität, meiner Einstellung, meiner Haltung und meiner Überzeugungen war. Mit anderen Worten: Es war eine Frage meines **Mindsets**, ob ich in meinem Leben erfolgreich und glücklich werden würde. Dies zeigte sich besonders in meiner jahrelangen Ausbildung zum Kampfkunst-Meister im Wing Fight, wo ich den 6. (Dan) Schwarzgurt besitze. Ohne das passende Mindset, wäre es mir nicht möglich gewesen, dieses Ziel zu erreichen. Und gleichzeitig veränderte und entwickelte sich meine Mentalität und Einstellung durch mein jahrelanges Kampfkunst-Training und den vielen therapeutischen Ausbildungen.
Die gute Nachricht ist, jeder kann sein Mindset verändern und entwickeln, um mehr Erfolg, Motivation und Glück zu erleben. In diesem Buch zeige ich dir, wie es geht.

Ich verzichte in diesem Buch darauf, dir hunderte von Studien aufzulisten und dir eine Geschichte nach der anderen zu erzählen, nur damit das Buch dreimal so dick ist. Mir ist es wichtig, auf den Punkt zu kommen und dich dabei zu unterstützen, konkrete Ergebnisse zu erreichen.

Lass uns anfangen.

1 Mindset-Basics

Wir alle haben Träume und Wünsche. Wir stehen vor Herausforderungen und wissen oft nicht, ob wir unsere Ziele erreichen. Manchmal scheitern wir an den Aufgaben, die uns das Leben stellt. Teilweise wissen wir nicht, was wir tun können und müssen, um uns zu motivieren. Wir wären gerne erfolgreicher, wären gerne glücklicher und würden gerne unser Leben in vollen Zügen leben. Doch stehen wir uns oftmals selbst im Weg. Schmerz ist Teil des Lebens und unvermeidlich. Leid ist optional.

Wir haben es in der Hand, wie wir mit den Problemen unseres Lebens umgehen. Dabei sind unsere innere Einstellung, unsere Mentalität und das, was wir glauben, die entscheidenden Faktoren, ob wir erfolgreich und glücklich sind. Unser Mindset bildet sich ab unserer Kindheit und kann sich auch im Erwachsenenalter noch verändern. Positive und negative Erlebnisse haben es jahrelang entwickelt und geprägt.
Wir übernehmen verschiedene Überzeugungen, Haltungen und Werte unserer Eltern, der Gesellschaft oder anderen Erziehungspersonen.

Das ist in den meisten Fällen völlig unproblematisch, weil wir dadurch Orientierung und Halt bekommen. Allerdings kann es dazu führen, dass wir ein Mindset entwickeln, welches uns im Mittelmaß festhält, uns Energie raubt oder sabotiert.
Um etwas zu verändern, müssen wir zunächst die Grundlagen verstehen: Was ist ein Mindset? Warum

ist es wichtig, sich damit zu beschäftigen, und wie wir es verändern können? Wir müssen uns unserer unbewussten Muster bewusst werden, um dann auf Basis unserer Ziele und Werte motiviert und engagiert zu handeln.

Was ist ein Mindset?

Der Begriff „Mindset“ kommt aus dem Englischen und bedeutet Geisteshaltung oder Mentalität. Dabei ist eine wortgenaue Übersetzung schwierig, weil die deutsche Sprache kein vergleichbares Wort für „Mind“ kennt. Unter einem Mindset versteht man die Art und Weise, wie wir denken, was wir glauben im Sinne unserer Überzeugungen, wofür wir stehen und wie wir mit Herausforderungen umgehen.

Wenn ich zum Beispiel davon überzeugt bin, dass ein Mangel an Ressourcen besteht, wird sich diese Überzeugung in meinem Verhalten und meiner Haltung anderen gegenüber zeigen. Ich werde versuchen, die Ressourcen, wie zum Beispiel Geld, zu behalten und mich meinen Mitmenschen, aus Angst etwas zu verlieren, verschließen und mich misstrauisch verhalten.

Dies wiederum hat zur Folge, dass so meine unbewusste Überzeugung (Knappheit) bestätigt wird. Dies nennt man eine sich „Selbsterfüllende Prophezeiung”.

Carol Dweck, Professorin an der Stanford University und eine der bekanntesten Expertinnen auf diesem Gebiet, hat in ihren Forschungen zwei verschiedene Arten von Mindsets definiert: das starre Mindset und das dynamische Mindset, auch Wachstumsmindset genannt.

Bei einem starren Mindset sind wir davon überzeugt, dass es nur an unserem Talent liegt, ob wir erfolgreich sind. Wir vermeiden Fehler, da wir sie als Abwertung unserer Person sehen und sie als Bedrohung für unser Selbstbild betrachten. Deshalb vermeiden Menschen mit einem starren Mindset auch Feedback von anderen.

Bei einem dynamischen (Wachstums-) Mindset sind wir davon überzeugt, unsere Fähigkeiten weiterentwickeln zu können und sehen Fehler als Möglichkeit, zu wachsen und uns weiterzuentwickeln. Auch Feedback gegenüber sind Menschen mit einem dynamischen Mindset im Gegensatz zu einem starren Mindset offen.

Die Entwicklung eines dynamischen Mindsets ist nötig für unseren Erfolg und Glück und die Basis für alle weiteren Veränderungen und Ziele. Wir müssen uns dabei fragen, ob wir bereit sind, zu lernen, oder ob wir die Verantwortung für uns und unser Leben abgeben? Sind wir bereit, hinzuschauen und unser inneres Erleben voll und ganz anzunehmen, oder vermeiden wir bestimmte Orte, Menschen und Erfahrungen?

Nur wenn wir bereit sind, zu lernen und hinzuschauen, können wir einen Shift in unserem Mindset bewirken und so die Voraussetzung für ein ultimatives Mindset schaffen.

Ein ultimatives Mindset vereint die verschiedenen Ebenen der Motivation mit unseren Werten und Zielen, was dazu führt, dass wir Herausforderungen nicht nur mit Neugier und Offenheit begegnen, sondern das Tempo bei Schwierigkeiten sogar erhöhen, indem wir extrem fokussiert und effektiv agieren.

Vergleichbar mit einem Radprofi, der bergauf schneller tritt und das Tempo erhöht, anstatt langsamer zu werden, wie ein Anfänger. Du wirst in den späteren Kapiteln lernen, wie du die grundlegenden intrinsischen Motivatoren ansprichst und mit deinen Zielen und Werten in Einklang bringst.

Meiner Erfahrung nach gibt es nicht nur das eine „richtige“ Mindset, mit dem alle Probleme und Herausforderungen gelöst sind. Je nach Situation funktioniert ein bestimmtes Mindset besser oder schlechter.

Deshalb müssen wir unbedingt den gegebenen Kontext berücksichtigen und uns daran orientieren, was in bestimmten Situationen und Lebenslagen funktioniert. Wir brauchen eine Art Kompass, der uns die Richtung weist, in die wir wollen.

Warum ist ein Mindset wichtig?

Die Frage ist nicht, warum ein Mindset wichtig ist, sondern warum es wichtig ist, uns mit unserem Mindset zu beschäftigen und es zu entwickeln. Ein Mindset ist die Grundlage unseres Verhaltens. Es bestimmt, ob wir erfolgreich sind, welche Beziehungen wir eingehen, wie wir uns zwischenmenschlich verhalten und wie wir mit Rückschlägen umgehen.

Wenn wir uns nicht bewusst mit unserem Mindset beschäftigen, dann werden wir logischerweise nur die Ergebnisse bekommen, die wir schon immer hatten. Wir drehen uns im Kreis, ohne eine Ahnung zu haben, wie wir etwas verändern können. Meistens machen wir mehr von dem, was nicht funktioniert, in der Hoffnung, dass es doch irgendwann funktioniert. Ich brauche dir nicht sagen, dass dieses Verhalten laut Definition der Inbegriff von Wahnsinn ist.

Unser Verstand ist hervorragend darin, Gründe und Rechtfertigungen für unsere Situation zu finden. Es ist dabei viel einfacher, in einer gewohnten Situation zu verharren, als etwas zu verändern. Je öfter wir ein bestimmtes Verhalten, das nicht funktioniert, ausgeführt haben, desto unbewusster und automatischer wird es.

Es kann unangenehm sein, unsere Verhaltensweisen, Gedanken und Einstellungen zu hinterfragen. Denn allzu leicht kommen wir an einen Punkt, an dem wir nicht wissen, was wir tun müssen. Wir haben für manche Dinge in unserem Leben nur eine veraltete

Blaupause, die nicht die Ergebnisse bringt, die wir uns wünschen.

Die Entwicklung eines funktionalen und dynamischen Mindset ist entscheidend für unseren Erfolg, unser empfundenes Glück, unsere Motivation und unsere Zufriedenheit im Allgemeinen. Nur so können wir eine neue Blaupause erstellen, die uns auch wirklich dorthin bringt, wohin wir wollen.

Ein kraftloses, starres Mindset lässt uns bei der ersten Versuchung nachgeben, wenn wir zum Beispiel abnehmen wollen und die Schokolade „mit uns redet", dass wir sie essen sollen. Anstatt dem Verlangen neugierig zu begegnen und uns zu fragen, ob es hilfreich und nützlich für unser Ziel ist, verschlingen wir sie wie eine ausgehungerte Hyäne.

Danach rechtfertigen wir unser Verhalten, indem wir Sätze sagen wie „So bin ich eben!", „War ja klar, dass ich es nicht schaffe!" oder „Ich habe einfach nicht die Willenskraft!". Das Ergebnis sollte jedem offensichtlich sein. Wir erreichen damit weder unsere Ziele, noch fühlen wir uns langfristig zufrieden und glücklich.

Besonders in zwischenmenschlichen Beziehungen ist Klarheit und Selbstbewusstsein entscheidend für die Qualität der Beziehung. Ein starres Mindset führt zwangsläufig zu Problemen und Konflikten in Beziehungen. Wenn wir nicht bereit sind, zu lernen und glauben, alles richtig zu machen, holt uns die Realität ganz sicher auf den Boden der Tatsachen zurück.

Mit einem funktionalen Mindset können wir wahre Nähe und Intimität erfahren und so unsere Beziehungen erfolgreich gestalten.

Wir müssen zuerst in unserem „Mind" gewinnen, bevor wir aufs Schlachtfeld gehen. Man kann sagen, dass die Auseinandersetzung und Entwicklung unseres Mindsets von enormer Wichtigkeit für unser gesamtes Leben ist.

Übung 1.1: Mindset-Kontemplation

Nimm dir für diese Übung ein Blatt Papier, dein Notizbuch oder schreibe auf der nächsten Seite, in die dafür vorgesehen Zeilen.

Such dir jetzt einen ruhigen Ort, an dem du eine Zeit lang ungestört bist. Atme einige Male über die Nase tief in den Bauch und stell dir folgende Fragen:

- Wie gehe ich mit Herausforderungen um?
- Vermeide ich sie, um nicht zu scheitern? Gebe ich schnell auf, wenn etwas nicht läuft? Oder kann ich es kaum erwarten, mit der Aufgabe anzufangen?
- Wie reagiere ich auf Kritik von anderen? Entschuldige ich mich oder kritisiere ich mein Gegenüber auch? Verteidige und rechtfertige ich mich? Reagiere ich beleidigt und trotzig? Oder frage ich mich, ob etwas Wahres dran ist und was ich daraus lernen kann?
- Wie reagierst du auf den Erfolg anderer? Bist du eifersüchtig und wertest den anderen ab? Oder lässt du dich davon inspirieren und motivieren?

Schreib dir dazu alles auf, was dir in den Sinn kommt. Es geht dabei nicht um richtig oder falsch. Auch musst du niemandem deine Antworten zeigen.

Versuche aber, so ehrlich wie möglich zu antworten, damit du eine erste wertvolle Standortbestimmung bekommst.

Notizen:

Übung 1.2: Mindset-Entwicklung

Mache nun eine Liste mit allen Fähigkeiten, die du in deinem bisherigen Leben entwickelt und gelernt hast.

Dies können sowohl sichtbare Fähigkeiten sein, wie zum Beispiel Algebra, Sport oder Kochen, als auch unsichtbare Fähigkeiten, die dir vielleicht gar nicht als Fähigkeiten bewusst sind, wie zum Beispiel implizite Muster erkennen, mit jedem ein Gespräch führen können oder effektiv kommunizieren.

Nimm dir genug Zeit, diese Liste zu erstellen. Schreibe mindesten zehn Fähigkeiten auf, je mehr, desto besser. Suche nach allen möglichen Bereichen, die dir in den Sinn kommen, in denen du eine Fähigkeit entwickelt hast. Dabei ist es völlig gleichgültig, wie lange du für die Entwicklung der Fähigkeit gebraucht hast.

Immer wenn wir uns Fähigkeiten aneignen, kommen wir an einen Punkt, an dem es uns schwerfällt und wir Zeit oder Energie aufwenden mussten, um das, was wir heute tun, auf diesem Level zu beherrschen.

Schreibe alles auf, was dir einfällt und was dir beweisen könnte, dass du ein flexibles Mindset hast. Dies ist die Basis für die weiteren Übungen in diesem Buch.

Notizen:

Merke: Mindset-Basics

Das Mindset ist die Gesamtheit unserer Überzeugungen, unsere Art zu denken und definiert unsere Geisteshaltung. Es ist entscheidend für einen erfolgreichen Verlauf deines Lebens.

Mindset-Kontemplation und Mindset-Entwicklung helfen dir dabei herauszufinden, ob du ein starres oder dynamisches Mindset hast und wie du dein Mindset stetig formen kannst, um es in Einklang mit deinen Zielen zu bringen.

2 Verantwortung

Seit 2006 leite ich ein Institut für Selbstverteidigung und Kampfkunst. Zu meinen Aufgaben gehören neben dem administrativen Bereich der Unterricht der jeweiligen Gruppen sowie die Ausbildung zukünftiger Trainer und Schwarzgurte. Um Ausbilder oder Trainer zu werden, sind – zusätzlich zu der Erfüllung der körperlichen Voraussetzungen – besonders die mentale Einstellung und die emotionale Reife entscheidend.

Diese wird durch ein regelmäßiges Training geschult und entwickelt. Dabei stellt sich recht schnell heraus, ob sich jemand für diese Tätigkeit eignet oder nicht. Es kommt nicht selten vor, dass sich schnell eine technische Begabung in den Übungen zeigt, jedoch die Offenheit zur Selbstreflexion und die Bereitschaft, innerlich an sich zu arbeiten, nicht vorhanden ist.

In meiner Verantwortung liegt es, zu entscheiden, wer sich als Trainer eignet und wem ich letztendlich die Verantwortung übertrage, eine meiner Gruppen zu unterrichten oder ein eigenes Institut zu eröffnen. Ich definiere für mein Institut monatliche Ziele für Neuanmeldungen und kann über die Jahre hinweg berechnen, welche Quote von Abschlüssen im Durchschnitt erreicht worden sind.

Vor einigen Monaten bemerkte ich, dass über mehrere Wochen hinweg in den Kursen für Kinder die durchschnittlichen Quoten nicht erreicht wurden.

Mein erster Reflex war, die Schuld bei meinen angestellten Trainern zu suchen, die den Unterricht durchgeführt haben.

Dann wurde mir bewusst, dass ich die Verantwortung für die jeweiligen Ergebnisse habe. Wenn meine Trainer nicht die erforderlichen Quoten erfüllen, ist es nicht deren Schuld, sondern meine. Ich war dafür verantwortlich, wie gut meine Trainer die Vorgaben umsetzten.

Also begann ich, den Prozess ab dem ersten Kontakt zu hinterfragen und suchte das Gespräch mit den Gruppenleitern. So war es mir möglich, herauszufinden, was sie genau machten und was verbessert werden konnte. Es stellte sich heraus, dass ich den Ablauf nach dem Probetraining nicht richtig und in aller Ausführlichkeit kommuniziert und erklärt hatte.

So wurden einige wichtige Dinge vergessen, was dazu führte, dass eine Unverbindlichkeit entstand und der Interessent nicht wusste, wie es weiter geht. Dies lag in meiner Verantwortung und nachdem ich es kommuniziert habe, stieg die Quote der Neuanmeldungen weit über den Durchschnitt.

Hätte ich angefangen, die Schuld bei den Gruppenleitern zu suchen und die Verantwortung weggeschoben, hätte sich das fatal auf das gesamte Unternehmen ausgewirkt.
Es gibt Studien, die deutlich die Folgen dieses Verhaltens von Führungskräften aufzeigen: Sobald der Chef Verantwortung auf andere abwälzt und andere beschuldigt, fangen auch die einzelnen

Teammitglieder an, gegeneinander zu arbeiten. Die Schuld und Verantwortung wird dann auch von den einzelnen Teammitgliedern auf andere geschoben.

Wir sehen das immer wieder bei Fußballteams. Ein guter Trainer ist in der Lage, das Maximum aus einem Team herauszuholen, und zwar so, dass jeder für den anderen einsteht und mitläuft. Teams, bei denen die innere Struktur nicht stimmt, indem die Schuld bei anderen gesucht wird und die Verantwortung nicht angenommen wird, steigen meist sehr schnell ab.

Dieses Prinzip der Verantwortung lässt sich auf unser inneres Erleben übertragen. Wenn wir nicht die Verantwortung für unsere Gefühle, Gedanken und unser Verhalten übernehmen, dann werden wir langfristig Probleme damit bekommen, unsere Ziele zu erreichen. Ich kann zwar anderen die Schuld dafür geben, dass ich in dieser Lebenssituation bin, doch wird mich das nicht weiterbringen.

Es ist deshalb enorm wichtig, zu verstehen, dass wir die Verantwortung für unser inneres Erleben und unser Leben im Allgemeinen übernehmen müssen, wenn wir etwas verändern und wachsen wollen.

Wer sitzt am Steuer?

Stell dir vor, du fährst einen Bus. In dem Bus sitzen ganz unterschiedliche Fahrgäste. Einige wirken sehr angsteinflößend, andere sind sehr laut und einige sind sehr ängstlich. Auch befinden sich eine nette ältere Dame und ein junges Kind zwischen den Fahrgästen.

Deine Aufgabe ist es, den Bus an einen von dir gewählten Zielort zu steuern.

Manche Fahrgäste sind so laut, aufdringlich und bedrohlich, dass sie deine komplette Aufmerksamkeit auf sich ziehen. Sie stehen manchmal direkt neben dir, brüllen dich an und bedrohen dich, weil du ein anderes Ziel ansteuern sollst. Diese Fahrt wäre kein Vergnügen. Du würdest sicherlich versuchen, die Gäste zu beruhigen, sodass sie sich wieder hinsetzen und leiser sind.

Vielleicht würdest du auch den Bus anhalten und mit den lauten und bedrohlichen Fahrgästen diskutieren. Du könntest versuchen, die problematischen Fahrgäste loszuwerden und sie bei der nächsten Gelegenheit rauszuwerfen. Oder du gibst einfach nach und fährst sie dahin, wo sie wollen.

Doch während du streitest, kämpfst und die Fahrgäste rauswirfst, kannst du den Bus nicht fahren. Du kommst deinem Ziel kein Stück näher oder fährst sogar in eine andere Richtung, nur damit die Fahrgäste aufhören, dich zu bedrohen und endlich leiser werden. Dein Ziel liegt vielleicht im Süden, doch fährst du jetzt in Richtung Osten zu einem anderen Ziel, das nicht du dir ausgesucht hast, sondern ein besonders bedrohlicher Fahrgast.
Du kannst dir sicher sein, dass die anderen Fahrgäste damit nicht einverstanden sind, wenn du in eine andere Richtung fährst und das ursprüngliche Ziel änderst. Wahrscheinlich werden sie dann laut, sauer und bedrohen dich. Der Kampf, den du versucht hast zu beenden, indem du die Richtung gewechselt hast,

geht somit von vorne los. Die Frage ist jedoch: Wer sitzt am Steuer? Wer hat die Verantwortung?

Wenn wir vor einer Aufgabe oder Herausforderung stehen, die uns näher an unser Ziel bringt, tauchen nicht selten Gedanken auf, die uns sagen, warum wir das jetzt nicht machen können. Warum heute ein schlechter Zeitpunkt dafür ist oder was wir vorher noch alles machen müssen, bevor wir anfangen können. Wie oft wollten wir schon mit Sport anfangen, als eine innere Stimme auftauchte und uns sagte, dass das jetzt eine ganze schlechte Idee ist. Weil wir zu müde sind, nicht genug Motivation haben oder Angst haben, uns lächerlich zu machen.

Wir haben in solchen Momenten die Wahl, ob wir diesen Gedanken und Gefühlen folgen, oder ob wir weiterhin auf unser Ziel zusteuern. Du könntest deine Gedanken und Gefühle als Fahrgäste in deinem Bus des Lebens betrachten. Manchmal macht es durchaus Sinn, einen kleinen Umweg zu nehmen, weil einer der Fahrgäste die Strecke gut kennt und du damit eine Straßensperrung umfahren kannst.

Die Entscheidung, wohin du den Bus steuerst, liegt bei dir.

Wenn du die Verantwortung für dein Verhalten voll und ganz übernimmst, dann fährst du aktiv und mit Intention den Bus in Richtung deines gewählten Ziels. Die lauten und bedrohlichen Fahrgäste können dich zwar einschüchtern, nerven oder bedrohen, aber sie können den Bus nicht fahren.

Sobald du mit ihnen zu streiten und kämpfen beginnst, musst du den Bus anhalten. Deshalb ist es wichtig, zu verstehen, welche Ziele du hast, warum sie wichtig sind und in welche Richtung du fahren musst, um sie zu erreichen.

Ausflüchte und Ausreden!

Unser Verstand hat viele Privilegien eines modernen und zivilisatorischen Lebens möglich gemacht. Ohne die Fähigkeit, zu planen, zu bewerten und Lösungen für Probleme zu finden, hätte es die Menschheit nie an die Spitze der Nahrungskette geschafft. Die Sprache erlaubt es uns vom Wissen und den Erfahrungen anderer zu lernen und daraus zu profitieren, ohne die Erfahrung selbst machen zu müssen. Wir müssen nicht dieselben Fehler wiederholen.

Allerdings ist unser Verstand auch sehr gut darin, Ausreden und Ausflüchte für jedes beliebige Verhalten zu finden. Wir sind hervorragend darin, zu begründen, warum wir heute keinen Sport machen konnten oder warum wir unbedingt die Schokolade essen mussten, obwohl wir auf Diät sind.

Du kannst zur Verdeutlichung folgendes Experiment machen: Suche dir in deiner Umgebung zwei Gegenstände. Dann frage dich, warum Gegenstand eins besser ist als Gegenstand zwei. Und dann frage dich, warum Gegenstand zwei besser ist als Gegenstand eins. Ich bin mir sicher, dass du ausreichend Gründe finden wirst. Und jetzt frage dich, wie Gegenstand eins mit Gegenstand zwei verwandt ist. Auch hier wirst du etwas finden, dass erklärt, wie Gegenstand eins mit Gegenstand zwei verwandt sein kann. Um dies zu tun, musst du in der Lage sein, Dinge willkürlich aufeinander zu beziehen.

Wenn wir dank unseres Verstands und unserer Sprache in der Lage sind, alles aufeinander in jede Richtung zu beziehen, wie sinnvoll ist es dann, uns von Bewertungen und Ausreden abhalten zu lassen?

Vielleicht wird dir jetzt schon klar, wie einfach es ist, Ausreden und Ausflüchte für dein unerwünschtes Verhalten zu finden. Wir sind in der Lage, mithilfe unserer Sprache und der Fähigkeit, willkürliche Beziehungen herzustellen, Gründe für alles, was gerade in unser Weltbild passt, zu finden. Indem wir das jedoch tun, übernehmen wir keine Verantwortung für unser Leben und unsere Ziele.

Wir verhindern, dass wir wirklich daraus lernen können. Zudem gehen wir mit einem Beispiel voran, dass die Menschen in unserem Team oder unseren Beziehungen ermutigt und bestärkt, sich ähnlich zu verhalten.

Wenn wir die volle Verantwortung für unser Leben übernehmen wollen, müssen wir aufhören, Ausreden und Ausflüchte für unsere Lebenssituation zu finden. Wir müssen verstehen, worüber wir Kontrolle haben und worüber nicht. Und wir müssen bereit und offen sein, zu lernen. Dies ist manchmal sehr unangenehm, doch es führt kein Weg daran vorbei, wenn wir unsere Ziele erreichen wollen und den Erfolg haben wollen, den wir uns wünschen.

Übung 2: Verantwortungsfinder

Suche dir ein ruhiges Plätzchen, an dem du eine Zeit lang ungestört bist, um über die Fragen in dieser Übung nachdenken zu können.

Atme einige Male tief durch die Nase in den Bauch und stell dir folgende Fragen:

Erinnere dich an die letzte Situation, in der etwas so richtig schiefgelaufen ist. Das könnte eine schlechte Klausurnote sein, ein verlorener Kunde oder etwas anderes, das nicht so gelaufen ist, wie du es dir gewünscht hast.

- Beobachte, welche Gefühle zu diesem Ereignis auftauchen? Wo spürst du diese Gefühle in deinem Körper?
- Welche Körperempfindungen kannst du wahrnehmen?
- Welche Gedanken tauchen zu diesem Ereignis auf?
- Wie erklärst du dir das, was da passiert ist?

Du kannst folgende Sätze ergänzen:

- Ich habe es nicht geschafft, weil ...
- Wenn ... anders gewesen wäre, dann ...
- Es ist nicht meine Schuld, weil ...

Schreib alles auf, was dir dazu einfällt, ohne es zu zensieren. Es geht in dieser Übung darum, zu beobachten, was dein Verstand macht und wie du mit Rückschlägen umgehst.

Notizen:

Schau dir jetzt die Antworten an. Welche scheinbar plausiblen Gründe und Rechtfertigungen hat dein Verstand gefunden? Beziehen sich deine Antworten auf externe Dinge und andere Personen, oder beziehen sie sich auf dich? Hast du die Verantwortung für das unerwünschte Ergebnis übernommen? Wenn nicht, wäre jetzt ein guter Zeitpunkt, dies zu ändern.

Beantworte die Fragen noch einmal, doch jetzt im Glauben, dass du für das Ergebnis voll und ganz verantwortlich bist. Sei neugierig und offen, verurteile dich nicht. Gewöhne dir zukünftig an, dir diese Überzeugung zu eigen zu machen, sie zu einem Teil von dir werden zu lassen. Hinterfrage zuerst dein Verhalten und was du dazu beigetragen hast, denn nur das hast du unter Kontrolle

Merke: Verantwortung

Verantwortung ist ein grundlegender Aspekt des menschlichen Wesens. Er bestimmt deine Fähigkeit, dich laufend weiterzuentwickeln. Denn nur wenn du erkennst, dass du am Steuer sitzt und dementsprechend Verantwortung für deine Entscheidungen übernimmst, wirst du beginnen, an dir zu arbeiten.

Ausreden und Ausflüchte verhindern die Erkenntnis, dass du verantwortlich für den (Miss)Erfolg in deinem Leben bist. Mit der Übung Verantwortungsfinder schärfst du deinen Verstand und erkennst die Züge deines Verhaltens bei Rückschlägen.

3 Kontrolle

Der Verstand ist wie eine Maschine, die gebaut wurde, um Probleme zu lösen. Taucht ein Problem auf, fängt unser Verstand sofort damit an, nach einer Lösung zu suchen. Wir üben damit Kontrolle auf unsere Umwelt aus. So gut dies auch im Äußeren funktionieren mag, so schlecht sind wir darin, zu erkennen, worüber wir Kontrolle haben – und worüber nicht. Dann wird die Kontrolle selbst zum Problem, nämlich wenn wir bestimmte Ereignisse mit unserem Kontrollzwang verschlimmern, ohne es zu wissen und zu erkennen.

Es gibt zwei verschiedene Arten, wie wir mit Ereignissen umgehen können. Entweder wir haben die Absicht, daraus zu lernen, oder wir haben die Absicht, es zu kontrollieren. Beides gleichzeitig geht nicht. Kontrolle bedeutet in diesem Kontext nicht, dass wir jemanden kontrollieren im Sinne von überprüfen, wie bei einer Polizeikontrolle. Vielmehr geht es darum, dass die andere Person tut, was wir gerne hätten.

Es ist scheinbar viel einfacher, Ergebnisse, Gedanken und das Verhalten von anderen zu verändern, als zu lernen, was wir dazu beigetragen haben und das zu verändern. Das fängt schon bei Kleinigkeiten an. Wenn wir einen guten Eindruck hinterlassen wollen, üben wir Kontrolle darauf aus, indem wir uns passend kleiden, unsere Meinung zurückhalten oder Ja sagen, wenn wir es eigentlich nicht wollen und auch eigentlich anders sehen.

Wir versuchen aber nicht nur, Kontrolle über andere Menschen auszuüben, sondern in erster Linie über unsere Empfindungen, Gefühle und Gedanken. Wir versuchen zum Beispiel, unsere Gedanken zu kontrollieren, indem wir etwas Positives denken und uns Mut zusprechen, was unsere negativen Gedanken aber nicht aufhält. Wir versuchen, durch unser Auftreten eine bestimmte Reaktion bei unseren Mitmenschen auszulösen, um uns besser zu fühlen. Auch dies hat nur kurzfristig eine Wirkung, wenn überhaupt.

Dabei erkennt unser Verstand nicht, dass Kontrolle im Inneren anders funktioniert als Kontrolle im Außen. Nimm mal für einen Moment an, dass der Reifen an deinem Fahrrad platt ist. Was taucht in deinen Gedanken auf? Wahrscheinlich sucht dein Verstand nach einer Lösung und geht die Schritte durch, die nötig sind, um den Reifen wieder zu reparieren.

Ich bin mir sicher, dass du das schon einmal gemacht hast, oder zumindest jemanden kennst, der die nötige Information hat, um dieses Problem zu lösen. Man kann sagen, da ist etwas kaputt, das wir weghaben wollen und wir überlegen, wie wir es wegbekommen, damit es wieder wie ursprünglich funktioniert. Bei einem Reifen oder einem Loch im Dach ist das die beste und funktionalste Strategie.

Allerdings funktioniert das nicht mit unseren Gedanken und Gefühlen. Genauso wenig, wie mit anderen Menschen.
Wir können zwar versuchen, bestimmte Gedanken und Gefühle nicht mehr zu haben, aber wie gut

funktioniert das wirklich langfristig? Wir beginnen, mit unserem Inneren zu kämpfen. Und während wir kämpfen, können wir uns nicht auf das konzentrieren, was uns wichtig ist.

Gleichzeitig lautet eine Grundregel im Inneren: Wenn du es nicht haben willst, wirst du es haben! Wer jemals mit einer Angststörung zu tun hatte, weiß was damit gemeint ist. Es ist dann nicht mehr die Angst selbst, sondern wir bekommen Angst vor der Angst. Unser Kampf mit der Angst und unsere Aufmerksamkeit darauf, sorgen dafür, dass die Angst nur noch größer wird und unser Leben sich einengt. Wir haben die Absicht, unsere Angst zu kontrollieren und beginnen, mit ihr zu kämpfen.

Auch in zwischenmenschlichen Beziehungen führt der Versuch, Kontrolle auszuüben, zu Widerstand und Kampf. Aus eigener Erfahrung weiß ich, dass es nichts Schlimmeres gibt als jemanden, der ständig Kontrolle ausübt, ob offensichtlich oder subtil. Nicht nur, dass man sich innerlich und äußerlich dagegen wehrt, auch entsteht so niemals eine aufrichtige Beziehung, da man sich verstellen muss, um gemocht zu werden.

Wenn wir uns verstellen, um ein bestimmtes Ergebnis zu bekommen, zahlen wir einen hohen Preis. Wir verlieren an Selbstachtung und fühlen uns unsichtbar, weil wir genau wissen, dass der andere nur positiv reagiert, weil wir uns verstellt haben.

Auch Verhaltensweisen wie "nett sein" haben oft die Absicht, die Reaktion des anderen zu beeinflussen und entsprechend zu kontrollieren. Wenn ich nur nett bin, um etwas damit zu erreichen, dann hat das nichts mehr mit nett sein zu tun. Es ist manipulativ. Und zwar in einer unaufrichtigen Weise.

Jede Frau kennt einen oder mehrere sogenannter "Nice Guys". Diese Männer versuchen, mit vermeintlicher Nettigkeit ihre eigentliche Absicht zu verbergen, anstatt aufrichtig und authentisch zu sein.

Die Frau spürt das sehr schnell und fühlt sich unwohl dabei. Aus gutem Grund: Es ist der Versuch, Kontrolle über die Reaktion auszuüben. Wir halten fest, dass Kontrolle nur bedingt funktioniert und wir langfristig einen hohen Preis dafür zahlen.

Was liegt in meiner Macht?

Das führt uns zu der Frage, was in unserer Macht liegt. Worüber haben wir Kontrolle und worüber nicht und warum ist das wichtig? Wenn wir ein ultimatives Mindset aufbauen wollen, ist es unerlässlich, unsere Energie darauf zu konzentrieren, worüber wir Kontrolle haben.

Wie oft hast du etwas getan, obwohl dir dein Verstand gesagt hat, dass du es nicht kannst. Oder dass du zu müde bist oder noch nicht bereit? Wahrscheinlich des Öfteren.
Ich trainiere mittlerweile seit 23 Jahren im Fitnessstudio. In dieser Zeit habe ich wegen einer Operation an meinem Arm für knapp drei Wochen ausgesetzt. Ansonsten bin ich je nach verfügbarer Zeit zwei bis vier Mal pro Woche im Training.

Mein Verstand liefert mir mindestens an jedem zweiten Trainingstag ausreichend plausible Gründe, warum ich besser zu Hause bleiben sollte. Entweder weil ich keine Motivation habe. Oder weil ich doch erst letztens trainiert habe und es nicht übertreiben muss, schließlich will ich ja nur fit bleiben.

Was glaubst du, wie oft ich ins Training gegangen wäre, wenn ich meinem Verstand die Kontrolle und Entscheidungsgewalt überlassen hätte? Garantiert nicht sehr oft.

Ich habe keine Kontrolle darüber, was mein Verstand mir sagt. Gedanken kommen und gehen und werden durch Dinge ausgelöst, die meistens nur im Entferntesten damit zu haben. Ich habe allerdings Kontrolle darüber, wie ich darauf reagiere. Ob ich dem folge, was mein Verstand mir sagt oder nicht.

Ich habe das vor vielen Jahren selbst erlebt, wie wir versuchen, etwas zu kontrollieren und es damit nur schlimmer machen. Ich war zu dieser Zeit ohne Partnerin und hatte einige Jahre zuvor in einem Club gearbeitet. Allerdings war das Nachtleben nichts mehr für mich und in meinen Augen nicht die beste Weise, jemanden kennenzulernen.

Also entschloss ich mich, im Alltag meine Augen offenzuhalten, schließlich war ich immer wieder in Buchläden und anderen Geschäften oder ging spazieren.

Nicht lange danach lief mir eine Frau über den Weg, die mir optisch gut gefiel. Ich wollte auf sie zu gehen und „Hallo“ sagen. Ich wusste rational, dass mir nichts passieren kann und sie auch nicht schreiend weglaufen wird. Allerdings blieb ich wie erstarrt stehen, mein Herz schlug und Angstperlen machten sich auf meiner Stirn breit. Mein Verstand suchte nach einer Lösung. Ich müsste nur meine Angst und Aufregung wegbekommen, dann würde es mir beim nächsten Mal gelingen.

Da ich schon mehrere Bücher über Coaching und Persönlichkeitsentwicklung gelesen hatte, meldete ich mich kurz danach zu einem NLP Practitioner Kurs an. Dieser ging über einen Zeitraum von mehr als 10 Monaten und diese Zeit wollte ich nutzen, um an meinem "Thema", das eigentlich keins war, zu arbeiten.

Wirklich funktioniert hat es nach dieser Zeit nicht, also dachte ich, dass ich nur noch mehr machen müsste. So kam es, dass ich zusätzlich den Master- und Trainer-Kurs absolvierte und mich parallel in Hypnose und systemischem Coaching ausbilden ließ. Das Ergebnis war niederschmetternd. Meine Angst wurde größer.

Am Ende stand ich also da, hatte zahlreiche Ausbildungen zur persönlichen Weiterentwicklung absolviert und was war das Resultat? – ich hatte noch mehr Angst. Es wurde mit jedem gescheiterten Versuch schlimmer und schlimmer. Bis ich irgendwann nicht mehr aus dem Haus ging, um die Angst zu vermeiden, denn ich könnte ja draußen durch Zufall einer Frau begegnen, die ich attraktiv finde.

Es dauerte einige Zeit, bis mir klar wurde, was ich da gemacht habe und warum es schlimmer wurde. Ich fing an, die Angst einzuladen und erkannte, dass es die ganze Zeit eher Aufregung war. In dem Moment veränderte sich alles. Ich spürte die Empfindungen bewusst in meinem Körper, ich hörte auf, mich dagegen zu wehren. Bei der nächsten Situation ging ich mit all meinen Gefühlen und Empfindungen auf eine Frau zu und sagte „Hallo“. Also das, was mir über die letzten Monate und Jahre nicht gelang.

Ich entwickelte eine Neugier auf das, was sich in meinem innersten Wesen bewegt. Letztlich begriff ich, dass ich alleine die Kontrolle darüber habe, wie ich mich verhalte, ob ich meine Arme und meine Beine bewege, wohin ich meinen Körper bewege. Ich konnte trotz all der Gefühle, die ich eigentlich aus dem Weg räumen oder zumindest verändern wollte, das tun, was mir wichtig war und das war, und ist heute noch, sehr befreiend. Dadurch kann ich den inneren Kampf mit meinen Gefühlen und Gedanken beenden. Sie dürfen da sein und ich wähle, was ich mache. Manchmal helfen mir meine Gedanken und Gefühle, manchmal nicht. Doch es ist egal, weil ich die Macht über mein Verhalten habe.

Den Kampf beenden!

Keine Klarheit zu haben, was in unserer Macht liegt, führt zu einem Kampf, den wir nicht gewinnen können. Mehr noch, dieser Kampf verhindert, dass wir unsere Ziele erreichen und ein glückliches Leben leben. Wir sind so sehr damit beschäftigt, Gefühle zu vermeiden oder in unseren Gedanken eine Schleife nach der anderen zu drehen, dass wir unser Leben dafür anhalten, bis alles innerlich genauso ist, wie wir uns das vorstellen.

Als ich damals begriff, dass ich meine Angst nicht kontrollieren kann und sie nur schlimmer machte, hatte ich die Wahl. Ich hätte weiter versuchen können, noch bessere Techniken zu finden, um meine Angst zu beseitigen, oder ich hätte etwas ganz anderes machen können. Mehr von dem, was ich schon tat, konnte in meinen Augen nicht zum Erfolg führen, schließlich hat es bis dahin auch nicht funktioniert, wieso sollte noch mehr davon funktionieren?

Ich musste ändern, wie ich mit der Angst umging. Ich hörte auf, gegen sie zu kämpfen. Ich beobachtete neugierig, wie sich die Angst in meinem Körper anfühlt. Wo sie sich befindet, wie sie sich äußert, und ich sagte innerlich „Ja" zu ihr. Sie durfte und darf da sein. Ich erkannte, dass die Vorstellung und der Kampf viel schlimmer waren als das eigentliche Gefühl. Angst fühlte sich im Körper fast genauso an wie Aufregung und Begeisterung. Einzig die Gedanken und das Label, das wir der jeweiligen Empfindung geben, sind anders.

Ich saß viele Jahre einem Trugschluss auf. Der Kampf machte mein Leben immer enger und ich vergaß dabei die Dinge, die mir wichtig waren. Den Kampf zu beenden bedeutet, das ewige Schlachtfeld zu verlassen und sich an die Seite zu setzen und zuzuschauen. Wenn wir erkennen, wohin unser Verhalten führt, ob wir langfristig den Dingen näher kommen, die uns wichtig sind, dann sind wir schneller in der Lage, die Richtung zu ändern.

Natürlich ärgerte ich mich einerseits darüber, so viel Zeit und Energie mit Techniken und Methoden verschwendet zu haben, die bei mir nicht funktionierten. Andererseits übertrugen sich diese Erkenntnisse auf alle anderen Lebensbereiche. Mir wurde bewusst, dass ich in vielen Bereichen versuchte, Kontrolle auszuüben, und ständig gegen etwas kämpfte. Dabei stand mein Leben still. Ich war mehr mit dem Kampf beschäftigt, anstatt mein Leben zu leben.

Es ist leicht gesagt, den Kampf zu beenden. Die reine Erkenntnis führt nicht dazu, dass wir aufhören zu kämpfen. Oftmals gibt uns der Kampf eine gewisse Sicherheit, weil wir wissen, was wir zu tun haben und weil wir durch den Kampf sicher sind. Wir können uns ja nicht vorwerfen, es nicht versucht zu haben, aber wir können auch nichts dafür, wenn wir niemanden kennenlernen, oder die Beförderung nicht bekommen, oder erst noch etwas erledigen müssen, bevor wir anfangen können mit dem, was uns wichtig ist.

Übung 3: Loslassen

Nimm dir wieder dein Notizbuch zur Hand und achte darauf, dass du eine Zeit lang ungestört bist. Atme einige Mal durch die Nase tief in den Bauch und nimm deinen Körper wahr.

Schritt 1: Was hast du bisher alles versucht?
Schreibe alles auf, was du unternommen hast, um deine unerwünschten Gefühle und Gedanken unter Kontrolle zu bringen.

- Hast du dich abgelenkt? Wenn ja, mit was? (TV, Sex, Einkaufen, Tratschen etc.)
- Hast du Substanzen eingenommen, um dich anders zu fühlen? (Alkohol, Drogen, Schokolade etc.)
- Wie hast du dagegen gekämpft? Hast du bestimmte Orte gemieden? Hast du Ausreden gefunden, warum du dich nicht gemeldet hast? Oder hast du Anrufe ignoriert?

Auch wenn es nicht angenehm ist, versuche, die Fragen so ausführlich und ehrlich zu beantworten, wie du kannst.

Schritt 2: Wie gut hat das funktioniert?
Du hast viel Zeit und Aufmerksamkeit investiert, um bestimmte Gefühle und Gedanken loszuwerden. Und viele der Methoden führen zu einer kurzfristigen Erleichterung. Aber hat das, was du probiert hast, langfristig funktioniert? Wie lange hielt die Erleichterung an? Wann kam es wieder zurück?

Schritt 3: Was hat es dich gekostet?
Wie viel Arbeit, Zeit, Gesundheit und Geld hat dich der Versuch gekostet, deine Gefühle und Gedanken loszuwerden? Wie viel Selbstachtung und Beziehungen hat es dich gekostet? Achte besonders auf die langfristigen Kosten.

Schritt 4: Wie ist das für dich?
Lass uns einen Moment darüber nachdenken: Du hast so viel getan und versucht, so viel investiert und viele Wege gefunden, wie es kurzfristig besser wird. Aber langfristig kam es zurück und meistens stärker als zuvor. Wie ist das für dich? Versuche dabei, im Kontakt mit deinem Körper zu bleiben und zu spüren. Schreib alles dazu auf, was dir in den Sinn kommt. Sei dabei so mitfühlend wie möglich mit dir.

Schritt 5: Bist du offen, etwas Neues auszuprobieren?
Wie hoch ist deine Bereitschaft, beim nächsten Mal, wenn Gefühle oder Gedanken auftauchen, die du nicht haben willst, JA zu sagen.

Bist du bereit, JA zu deiner Angst zu sagen? Bist du bereit, JA zu deinen Selbstzweifeln zu sagen? Bist du bereit, JA zu allem, was auftaucht, zu sagen?

Mache dir eine Liste von deinen Ängsten, beginne mit den kleinsten und steigere dich nach und nach.

In den späteren Kapiteln werden wir noch ausführlicher behandeln, wie du mit Hindernissen umgehst.

Notizen:

Um den Kampf zu beenden und die Bereitschaft zu entwickeln, anders mit unseren Gefühlen und Gedanken umzugehen, müssen wir uns fragen, wann ist es genug? Wann haben wir genug davon? Wann reicht es? Das kann mitunter schmerzhaft sein, doch gibt es uns neue Hoffnung und die Möglichkeit, zu wachsen und voranzukommen.

Merke: Kontrolle

Wir Menschen befinden uns im dauerhaften Prozess, Kontrolle auf uns und unsere Umwelt auszuüben. Es ist wichtig, Kontrolle im Inneren von der im Äußeren zu unterscheiden, da Kontrolle in Bezug auf unsere Gefühlswelt grundlegend anders funktioniert.

Zu viel Kontrolle auf unterschiedlichen Ebenen auszuüben, kann zum Kontrollzwang werden, was sowohl für den persönlichen, als auch zwischenmenschlichen Erfolg fatal ist.

Loslassen hilft dabei, Gefühle und Ängste zu akzeptieren, statt ihnen mit zerstörerischem Kontrollzwang zu begegnen.

4 Mentale Stärke

Wenn ein Mensch mental stark ist, dann ist nicht nur seine Toleranz gegenüber Frustrationen sehr hoch, er ist auch in der Lage, aus seinen Fehlern zu lernen und diszipliniert auf seine Ziele hinzuarbeiten.

Mentale Stärke lässt sich genauso wie körperliche Stärke trainieren. Sie hilft dir, deine Ziele zu erreichen, diszipliniert zu bleiben und widerstandsfähig den Hochs und Tiefs des Lebens zu begegnen.

Früher oder später begegnen wir verschiedenen Hindernissen auf unserem Lebensweg. In diesen Momenten zeigt sich, wie mental stark wir sind und wie wir mit den Herausforderungen umgehen.

Als die Coronakrise Mitte März 2020 auf ihrem bisherigen Höhepunkt war, stellte mich das Leben vor eine derartige Herausforderung. Nachdem einige Tage zuvor noch die Krise in weiter Ferne lag, musste ich mein Institut für Kampfkunst und Selbstverteidigung schließen.

Auf einen Schlag brachen meine Einnahmen weg und es war ungewiss, wann und ob ich wieder öffnen könnte. Mir zog es den Boden unter den Füßen weg. Es fühlte sich surreal an, weil scheinbar alles so wie vorher war und doch wieder ganz anders. Meine komplette finanzielle Planung für die nächsten zwölf Monate war dahin.
Nicht nur, dass die Einnahmen ausblieben, ich konnte auch nicht einplanen, neue Mitglieder

hinzuzubekommen. Wie es weitergehen würde, lag im Ungewissen. Und Ungewissheit mag der Mensch bekanntlich nicht. Besser ein Ende mit Schrecken als ein Schrecken ohne Ende, wie es so schön heißt.

Allerdings stellt uns das Leben in solchen Situationen eindeutige Fragen: Wie werde ich damit umgehen? Was liegt in meiner Kontrolle? Welchen Möglichkeiten bietet diese Situation? Worauf richte ich meine Aufmerksamkeit?

Ich konzentrierte mich auf die Dinge, die ich unter Kontrolle hatte und darauf, im Hier und Jetzt zu sein, auch wenn immer wieder Gedanken auftauchten, wie es wohl weitergehen würde. Es war wichtig, nicht in den Tag hineinzuleben, sondern diszipliniert auf etwas hinzuarbeiten.

Ich erstellte eine Challenge, die ich anderen kostenlos zur Verfügung stellte, weil mir deutlich wurde, wie problematisch die Lage für viele ist und helfen wollte, etwas dagegen zu tun. Ich setzte mir neue Ziele und überlegte, welche Chancen sich durch die aktuelle Situation ergeben. Und ich trainierte bewusst meine Willenskraft, indem ich mir Ziele und Aufgaben für jeden Tag setze, die ich erledigen konnte.

Mentale Stärke ist nicht nur in Ausnahmesituationen wichtig, vielmehr ist sie ein essenzieller Faktor für langfristigen Erfolg und Glück.
Wer über einen längeren Zeitraum erfolgreich auf etwas hingearbeitet hat, muss ein gewisses Maß an mentaler Stärke haben, weil er ansonsten nicht ans Ziel gekommen wäre. Oft begehen wir den Fehler, uns auf unseren Erfolgen auszuruhen.

Die Wahrheit allerdings ist, nur wenn wir immer wieder die Bereitschaft aufbringen, durch die Phase der Frustration und des Kampfes zu gehen, um neue Dinge zu lernen und uns weiterzuentwickeln, werden wir erfolgreich sein können. Das geht nur mit einem gewissen Maß an mentaler Stärke. Ohne mentale Stärke brechen wir ab, oder wir fangen erst gar nicht an, es zu versuchen.

Mentale Stärke kann man auf verschiedene Arten trainieren. Neben den klassischen Achtsamkeitsübungen bietet sich Box Breathing an. Diese Technik wird von den Navy Seals trainiert, um optimal für den Kampfeinsatz vorbereitet zu sein und handlungsfähig zu sein, wenn das Leben in Gefahr ist.

Auch körperliches Training, bei dem man sich an seine Grenzen bringt, ist eine gute Methode, um mentale Stärke zu trainieren, besonders wenn man sich immer wieder durchbeißen muss, während der Verstand Gründe liefert, warum wir aufhören sollten.

Visualisierungen können dabei helfen, den Weg zu ebnen und uns optimal vorzubereiten. Wir können unsere Vorstellungskraft dafür nutzen, uns in die Situation reinzuversetzen und mit all den Gefühlen und Gedanken vertraut werden, die dann auftauchen können.
Das Ziel ist es, trotz all der Gefühle und Gedanken präsent zu bleiben, sich also nicht auf das Gedankenkarussell einzulassen oder mit unangenehmen Gefühlen zu kämpfen, sondern sie zu bemerken und sich im nächsten Schritt auf das zu konzentrieren, was wichtig ist. Ich zeige dir in den

Übungen einige Techniken, die dir helfen, mental stark zu bleiben und deine Ziele trotz aller Widrigkeiten zu erreichen.

Es gibt kein Scheitern…

In meiner NLP-Ausbildung (Neurolinguistische Programmierung) lernte ich, dass es kein Scheitern gibt, sondern nur Feedback. Auch wenn ich heute dem NLP aus verschiedenen Gründen sehr skeptisch gegenüberstehe und es großteils für fragwürdig halte, finde ich diese Grundannahme hilfreich. Sie bringt uns weg von einer Selbstverurteilung, ermöglicht Wachstum und neue Lösungen.

Scheitern ist nicht optional, sondern Teil des Lernprozesses. Je größer unsere Ziele sind, desto wahrscheinlicher werden wir auf dem Weg dorthin Rückschläge und Misserfolge erleben. Unsere Pläne sind meist auf dem Papier durchdacht, aber nicht selten kommt es am Ende ganz anders als geplant.

Wenn wir mental stark sind, gehen wir anders mit den möglichen Rückschlägen und Frustrationen um. Wir verurteilen uns und andere nicht mehr, sondern lernen aus den Informationen, die sich in der jeweiligen Situation zeigen.
Sicherlich ist es nicht schön, auf Ablehnung zu stoßen, einen großen Auftrag zu verlieren oder einfach etwas nicht zu erreichen, das wir uns vorgenommen haben. Allerdings können wir sicher sein, wenn wir nicht daraus lernen, werden wir es erst recht nicht erreichen und das Scheitern wird sich wiederholen.

Frustrationen auszuhalten ist ein wichtiger Bestandteil mentaler Stärke und emotionaler Reife. Je besser wir damit umgehen, desto eher lernen wir daraus, umso erfolgreicher werden wir sein. Das Gefühl von Frust gibt uns Informationen darüber, dass es hier etwas gibt, das uns wichtig ist und noch nicht so ist, wie wir es gerne hätten. Es steckt Energie und Antrieb in unserem Frust, wenn wir lernen, diese Kraft für uns zu benutzen.

Wenn ich mich als Versager betrachte oder Frustration verdränge, dann kann ich sie auch nicht nutzen. Ich übernehme keine Verantwortung, weil ich es nicht als Feedback sehe, sondern persönlich nehme. Das versteht man unter einem starren Mindset.

Indem du dir bewusst machst, dass alles „nur" Feedback ist, hast du die Möglichkeit, daraus zu lernen. Und unbemerkt entwickelt sich ein neues und hilfreiches Mindset.

Eine Frage ist jedoch dafür entscheidend: Wie hoch ist deine Bereitschaft zu lernen?

Bin ich bereit zu lernen?

Wie schon im Kapitel über Kontrolle beschrieben, gibt es lediglich zwei Möglichkeiten, wie wir innerlich mit Herausforderungen und Problemen umgehen können. Entweder wir haben die Absicht, Kontrolle auszuüben, was zu Kampf und Stillstand führt. Oder wir haben die Absicht zu lernen, was zu Wachstum und Entwicklung führt. Die Frage, ob wir bereit sind zu lernen, ist die Grundlage für ein ultimatives Mindset.

Dazu gehört auch, dass wir Verantwortung für unser Verhalten übernehmen. Denn nur dann sind wir bereit, unseren Anteil anzunehmen. Wenn wir anderen die Schuld für die Situation geben, in der wir stecken, verhindern wir damit, daraus zu lernen. Wir werden zum Opfer der Umstände.

Je stärker dabei unsere Überzeugungen sind, wie etwas sein sollte und müsste, desto schneller fühlen wir uns ungerecht und unfair behandelt und umso leichter verfallen wir darin, anderen die Schuld zu geben. Wenn ich aber anderen die Schuld gebe, dann mache ich mich zum Opfer und gebe die Verantwortung ab, somit bin ich nicht bereit zu lernen.

Es ist nicht immer einfach und oftmals unangenehm, hinzuschauen und sich zu fragen, was unser Anteil ist. Jedoch ist die langfristige Alternative, es nicht zu tun, vielfach unangenehmer. Wir zahlen langfristig einen hohen Preis, wenn wir nicht bereit sind zu lernen.

In meinem familiären Umfeld gibt es Personen, die durch Traumata und der fehlenden Bereitschaft zu lernen, so gut wie komplett sozial isoliert sind und von den Menschen um sie herum gemieden werden. Andere werden beschuldigt, weil sie nicht das machen, was sie sollten, und es werden ausreichend Gründe gefunden, um damit die eigene Realität zu erklären und zu bestätigen.

Dies hat zur Folge, dass man in der Interaktion mit diesen Menschen den Eindruck bekommt, dass sie den Reifegrad eines Kindes nie überschritten haben. Diese Einstellung verhindert, dass Konflikte besprochen und geklärt werden, stattdessen türmen sie sich auf und werden schließlich zu einem unüberblickbaren Problemberg.

Diese Menschen beantworten die Frage, ob sie bereit sind zu lernen, immer wieder aufs Neue mit „nein". Der Preis und die langfristigen Folgen sind fatal. Nicht nur für die Person selbst, sondern für das gesamte Umfeld.

Wenn wir unsere Ziele erreichen wollen, müssen wir in der Lage sein, aus unserem Verhalten zu lernen, auch wenn es unangenehm ist. Der erste Schritt besteht darin, uns selbst diese Frage zu stellen.

Damit machen wir uns bewusst, wo wir zur Zeit stehen. Bei einem Konflikt können wir kurz innehalten und uns fragen, ob wir bereit sind zu lernen.
Und dann zu schauen, welche Antwort wir bekommen. Wir werden recht schnell bemerken, wenn wir nicht bereit sind. Denn Bereitschaft ist wie ein An-Aus-Schalter. Wir können nicht ein „bisschen" bereit sein, genauso wie Frau nicht ein „bisschen" schwanger sein kann. Es gibt nur ein klares Ja oder ein klares Nein. Doch schon, dass wir uns diese Frage stellen, führt zu einem veränderten Umgang damit. Sobald wir unsere Absicht erkannt haben zu lernen, können wir neugierig und offen dem entgegenblicken, was zu diesem Thema auftaucht.

Ein neuer Umgang mit Stress!

Wir leben in immer hektischer werdenden Zeiten. Stress ist für viele von uns ein Bestandteil des Lebens. Für einige ist die Menge an Stress der Maßstab ihres Erfolgs. Denn wer viel Stress hat, so die Überzeugung, muss wichtig und erfolgreich sein. Wir erleben oft unwillkürlichen Stress. Besonders wenn wir auf unsere Ziele hinarbeiten, passieren Dinge, die wir nicht geplant haben. Manchmal kommt etwas dazwischen und nicht selten haben wir zu wenig Zeit eingeplant.

Stress muss dabei keineswegs negativ sein. Er ist wichtig. Wie wir mit ihm umgehen, ist entscheidend. Allgemein wird zwischen Eustress und Disstress unterschieden. Eustress sind Stressoren, also Ereignisse oder Reize, die den Organismus positiv beeinflussen. Disstress im Gegensatz dazu sind Stressoren, die den Organismus negativ beeinflussen.
Zum Beispiel sind der Tod eines geliebten Menschen oder eine Scheidung sehr starke Stressoren, die sich negativ auf den Organismus auswirken. Eine Heirat zählt zu den Stressoren, die den Organismus positiv beeinflussen.

Es sind aber nicht nur die Ereignisse, die geschehen, sondern die Bedeutung, die wir ihnen geben und wie wir sie bewerten, ob Stress zu etwas schädlichem wird, oder wir ihn nutzen können.

Wenn wir uns die körperlichen Reaktionen von Stress genauer ansehen und auf einen Nenner bringen, dann können wir eine Veränderung des Herzschlages beobachten, wir können bemerken, dass wir mehr

Wärme produzieren und wir werden allgemein wacher und fokussierter. Der Körper befindet sich in einem Alarmzustand.

Dies macht auch Sinn, denn wenn unsere Vorfahren, die Steinzeitmenschen, einem Säbelzahntiger begegnet sind, hatten sie nur eine Chance zu überleben, nämlich wenn ihnen ihr Körper so viel Energie wie möglich bereitstellt und sie bestens auf den Kampf oder die Flucht vorbereitet sind. Nichts anderes macht unser Körper auch heute noch, wenn wir Stress erleben.

Dabei ist Stress weder gut noch schlecht. Wir brauchen ihn, um Leistung zu bringen und in Gefahrensituationen zu überleben, weil er uns anspornen und motivieren kann.

Fangen wir allerdings an, mit dem Stress zu hadern und dagegen zu kämpfen, machen wir uns selbst nur noch mehr Stress. Wenn Stresshormone wie Adrenalin und Cortisol zu lange im Organismus bleiben, erleiden wir körperliche Schäden. Wir müssen zwar nicht mehr gegen wilde Tiere kämpfen, meist reicht schon eine E-Mail des Chefs oder ein Strafzettel im Briefkasten, um unsere Stressreaktion zu triggern. Das kann dann zu einem latenten Dauerstress führen, der schädlich für unseren Körper und den gesamten Organismus ist.

Deshalb ist es wichtig, die Stressreaktion des Körpers zu kennen und zu nutzen sowie dafür zu sorgen, dass die Stresshormone den Körper wieder verlassen können. Indem wir körperlich aktiv werden, durch

Ausdauer- oder Kraftsport, können wir unser Stressniveau optimal regulieren.

Um mental stark zu sein, müssen wir eine gewisse Stresstoleranz aufbauen und resistent gegenüber Stress werden. Dies erreichen wir zum einen durch Sport, zum anderen durch Achtsamkeitstraining sowie durch eine veränderte kognitive Bewertung von Stress.
Wenn wir Stress als etwas betrachten, das uns hilft, die Herausforderung zu bewältigen, können wir beginnen, die darin liegende Energie zu nutzen. Stress ist Energie, die uns unser Körper zur Verfügung stellt. Er will uns dabei helfen, mit der jeweiligen Situation zurechtzukommen.

Der erste Schritt ist, dass du die körperliche Reaktion wahrnimmst. Was spürst du in deinem Körper und wo genau spürst du es? Wenn du zum Beispiel Herzklopfen wahrnimmst, kannst du das in Gedanken oder laut zu dir sagen.
Der zweite Schritt ist die Bedeutung. Mach dir bewusst, dass dein Körper gerade etwas macht, um dir die nötige Energie bereitzustellen.

Du kannst das in der Situation auch zu dir sagen. Das würde dann ungefähr so aussehen. „Hier ist Herzklopfen! (kurz warten und wahrnehmen) Mein Körper stellt mir gerade Energie bereit, damit ich handeln kann. Danke!".

Je öfter du das übst, umso schneller wird es zu einer Gewohnheit, die dir dabei hilft, selbst in sehr aufwühlenden Zeiten, mental stark und handlungsfähig zu bleiben.

Übung 4: Mentale Zeitreise

Nimm dir wieder dein Notizbuch zur Hand und gehe in Gedanken in deine Vergangenheit. Suche nach drei Ereignissen, die nicht so gelaufen sind, wie du es wolltest. Wo du etwas nicht erreicht hast oder gescheitert bist. Schau dir das Ereignis genau an, ohne dich zu verurteilen. Und frage dich, ob du bereit bist zu lernen.

Wenn innerlich ein Ja auftaucht, dann frage dich, was du dazu beigetragen hast, so dass es zu diesem Ergebnis kam. Was war dein Anteil daran? Hast du zu wenig Zeit investiert oder warst du unkonzentriert? Hast du dich nicht ausreichend vorbereitet? Oder hast du dich angegriffen gefühlt? Schau jetzt für dich genau hin und achte darauf, welche Gedanken du dazu hast.

Frage dich danach, was du mit deinem Wissen heute anders machen würdest. Was würdest du anderes sagen, wie würdest du dich anders verhalten oder vorbereiten?

Verurteile dich nicht dafür, sondern übernimm die Verantwortung und beobachte, was du daraus lernen kannst.

Notizen:

Merke: Mentale Stärke

Mentale Stärke ist eine Schlüsselkomponente zum Erfolg. Sie macht dich diszipliniert und widerstandsfähig. Mental stark zu sein, bedeutet auch, stets lernbereit zu sein und Verantwortung für dein Handeln zu übernehmen.

Auch der richtige Umgang mit Stress sowie dessen Akzeptanz ist ein essenzieller Faktor mentaler Stärke. Eine mentale Zeitreise hilft dir dabei, die Eigenschaften mentaler Stärke in deinem Verhalten wiederzufinden und in intensiv in deine Handlungsweisen zu integrieren.

5 Motivation

Um mit einer herausfordernden oder neuen Tätigkeit beginnen zu können und uns in Richtung unserer Ziele zu bewegen, brauchen wir ein gewisses Maß an Motivation. Unter Motivation versteht man die Gesamtheit aller Beweggründe, die zur Handlungsbereitschaft führen.

Dabei wird in der Wissenschaft zwischen intrinsischer und extrinsischer Motivation unterschieden. Intrinsische Motivation entspringt aus der Aufgabe selbst, die wir als bedeutsam wahrnehmen. Hobbys basieren zum Beispiel meistens auf intrinsischer Motivation. Die Triebkraft kommt von innen heraus.

Extrinsische Motivation entspringt aus zusätzlichen Reizen von außen. Wenn du eine Prämie in Form von Geld versprochen bekommst, dann basiert dies auf extrinsischer Motivation.

Menschen mit Prämien oder Drohungen zu motivieren, führt nachweislich zu langfristig negativen Ergebnissen. Diese Form der Motivation ist jedoch weit verbreitet und wird auch oft in der Erziehung von Kindern eingesetzt, mit negativen Folgen.

Wenn man versucht, einen Menschen mit einer Prämie zu motivieren, beschneidet man damit seine Kreativität. Langfristig geht die Lust an der Aufgabe verloren.

Schlimmer noch sind Drohungen, um jemanden zu „motivieren“. Sie zerstören die grundlegende zwischenmenschliche Ebene und führen sowohl in Unternehmen als auch in Familien zu Feindseligkeit, Widerstand und passiver oder sogar aktiver Aggression.

Motivation ist jedoch nicht nur ein Gefühl, das uns hilft, eine Aufgabe zu beginnen oder an etwas dran zu bleiben, sondern auch eine Entscheidung, die wir treffen. Wenn du dir nicht bewusst bist über dein Motiv, wirst du nicht genau wissen, was du tun kannst, um dich zu motivieren, in Zeiten, in denen du keine Lust hast.

Ich habe über die Jahre durch meine Tätigkeit als Coach und Trainer viele Menschen beobachtet, die euphorisch mit einer Sache anfingen, jedoch genauso schnell wieder damit aufhörten. Die Motivation war zu Beginn da, ist jedoch über die Zeit hinweg „verloren” gegangen. Es sind falsche Erwartungen und fehlendes Wissen über den Lernprozess, die zum Aufhören führen.

Oft wird nur das Ergebnis gesehen und völlig vergessen, welcher anstrengende Weg dafür nötig ist. Viele geben an dieser Stelle auf und fallen zurück in alte Gewohnheiten. Sie erwarten von sich, etwas in kürzester Zeit zu beherrschen, wofür andere Jahre gebraucht haben.

So weicht Vorstellung und Realität voneinander ab, was die langfristige Motivation verschwinden lässt.

Wir brauchen die Bereitschaft, an etwas dranzubleiben, das frustrierend ist und durch das man sich durchkämpfen muss. Dazu benötigen wir die Kenntnis über unsere Motive und wie wir sie für das jeweilige Ziel aktivieren können.

Wenn du in der Lage bist, deine Hauptmotive auf deine Werte und Ziele auszurichten, wirst du dich manchmal motiviert fühlen und manchmal deine Willenskraft nutzen, um weiter zu machen. Außerdem solltest du grundlegende Kenntnisse über die Mechanismen deiner Willenskraft haben und wie du sie trainieren, nutzen und optimieren kannst.

Willenskraft ist dann nötig, wenn wir uns nicht motiviert fühlen – was auf unserem Weg in Richtung eines größeren Ziels häufig vorkommen wird – aber trotzdem weitermachen und kämpfen müssen, um unsere Ziele zu erreichen.

Willenskraft

Gefühle wie Motivation oder Begeisterung kommen und gehen. Wir haben keine Kontrolle darüber, wann sie auftauchen und wie lange sie bleiben. Wir können unsere Motive und Werte auf unsere Ziele ausrichten, doch werden wir niemals ein permanentes Gefühl der Motivation haben.

So funktionieren Gefühle nicht. Wenn wir versuchen, positive Gefühle von Motivation und Begeisterung festzuhalten, verschwinden sie oftmals erst recht.

Von meinen Klienten höre ich häufig Aussagen darüber, dass sie keine Motivation haben, um mit etwas anzufangen oder weiterzumachen. Oder dass sie ihre Motivation verloren haben. Damit ist gemeint, dass sie sich in diesem Moment nicht auf eine bestimmte Weise fühlen, die ihnen helfen würde, mit der Aufgabe zu beginnen oder fortzufahren. Sie wissen auf Nachfrage zwar, warum sie das Ziel erreichen wollen, doch fehlt die Energie, die diese Emotion bereitstellt.

Wir haben uns schon oft Ziele zum Jahresende gesetzt und wir hatten viele gute Vorsätze für das kommende neue Jahr. Ob es nun um eine Veränderung unserer Gewohnheiten ging, oder ob wir mit etwas Neuem anfangen wollten. Nicht selten haben wir nach einigen Wochen oder sogar Tagen aufgehört und sind in unser altes gewohntes Muster gefallen. Dabei ist Motivation ein sehr hilfreiches Gefühl, das uns zwar vieles erleichtert, aber nicht die Ursache für unser Verhalten ist. Schließlich hast du dich sicherlich schon oft unmotiviert gefühlt und hast die Aufgabe trotzdem gemacht, wenn auch im Widerstand und mit großer Unlust.

Wenn wir glauben, dass unsere Gefühle die Ursache für unser Verhalten sind, dann lassen wir uns auf ein Spiel ein, das wir nicht gewinnen können.

Sicherlich hilft es, sich begeistert und motiviert zu fühlen, um unsere Ziele und täglichen Aufgaben zu erledigen, doch können wir uns nicht darauf verlassen, dass das Gefühl auch da ist, wenn wir es brauchen.

Wir brauchen stattdessen ein gewisses Maß an Willenskraft. Willenskraft kannst du dir wie einen

Muskel vorstellen, den du trainieren kannst. Wenn wir wissen, wie Willenskraft funktioniert, können wir sie sinnvoll einsetzen. Sie wird immer dann benötigt, wenn in dem jeweiligen Moment nicht genug Motivation vorhanden ist. Gleichzeitig wird eine Aufgabe, je öfter wir sie ausführen, unbewusster und automatisierter.

Das ist unter anderem ein Grund, warum wir oft die Motivation verlieren. Unser Gehirn hat in den voreingestellten Standard-Modus geschaltet, da weniger Aufmerksamkeit für die Aufgabe gebraucht wird. Mit anderen Worten: Wir beginnen, uns zu langweilen und brechen in der Konsequenz mit der Gewohnheit, die wir gerade aufbauen wollten.

Willenskraft ist dabei nicht unendlich vorhanden. Es gibt mehrere Faktoren, die das Maß unserer Willenskraft bestimmen. Über den Tag hinweg lässt unsere Willenskraft nach. Morgens ist das Glas randvoll mit Willenskraft. Jede Entscheidung und jede Überwindung kostet Willenskraft, sodass wir zum Beispiel abends der Schokolade nicht mehr widerstehen können, obwohl es bis dahin geklappt hat.

Es gibt aber auch Unterschiede, wie voll unser Glas mit Willenskraft am Anfang des Tages ist. Haben wir schlecht geschlafen, sind wir krank, oder müde, dann steht uns nicht so viel Willenskraft zur Verfügung, wie an anderen Tagen oder wie es maximal möglich wäre.

Es können aber auch andere Ereignisse sein, die uns Willenskraft kosten; zum Beispiel ein Streit, ein verlorener Auftrag oder eine schlechte Klausurnote. Glücklicherweise können wir unsere Willenskraft wieder auffüllen, bedingt auch über den Tag hinweg und dafür sorgen, unser Glas zu vergrößern.

Wenn du ein ultimatives Mindset entwickeln willst, ist es wichtig, genau zu verstehen, wie du deine Willenskraft trainieren und managen kannst.

Dazu ein paar Sofort-Tipps mit großem Effekt:

Der richtige Schlaf:

Kümmere dich zunächst darum, gut und erholsam zu schlafen. Der Raum sollte völlig dunkel, kühl und leise sein, damit du lang genug in die Tiefschlafphase kommst. Deine individuelle Schlafdauer kannst du über verschiedene Apps und Hilfsmittel, wie zum Beispiel dem Oura Ring, herausfinden.

Dort wird auch die optimale Uhrzeit ermittelt, wann du schlafen gehen solltest und wann die perfekte Zeit zum Aufstehen ist. Du kannst das auch ohne Hilfsmittel herausfinden, indem du schlafen gehst, sobald du müde bist und ohne Wecker wach wirst.

Wenn du das über mehrere Tage hinweg so durchführst, wirst du erkennen, wie viel Schlaf dein Körper braucht und wann die beste Zeit zum Aufstehen für dich ist, um komplett erholt zu sein.

Eat the Frog:

„Eat the Frog" ist ein Prinzip des Zeitmanagements, das besagt, die unliebsamste oder kniffligste Aufgabe zuerst anzugehen. Das ist nicht nur eine effiziente Strategie, es steht auch im Einklang mit der Verfügbarkeit unserer Willenskraft.
Da wir nach dem Aufstehen am meisten Willenskraft zur Verfügung haben, solltest du die schwierigste Aufgabe des Tages zuerst erledigen.

Achte auch darauf, dass du in dieser Zeit weder durch Anrufe, Nachrichten oder andere Menschen abgelenkt wirst. Schließe dich notfalls irgendwo ein und beseitige alles, was dich ablenken könnte. Du wirst überrascht sein, wie viel du in dieser Zeit erledigt bekommst.
Vermeide, am Abend zuvor Alkohol zu trinken, auch wenn es dich kurzfristig entspannen mag, so wird es dich einen Teil deiner Willenskraft für den nächsten Tag kosten.
Nimm dir danach die zweitschwerste Aufgabe vor und arbeite alle weiteren Tagesordnungspunkte nach diesem Schema ab.

Mit Power Nap zum ultimativen Mindset:

Um deine Willenskraft wieder aufzufüllen, kannst du zudem über den Tag hinweg einen Power Nap von maximal 30 Minuten machen. Auch Meditation oder verschiedene Atemtechniken funktionieren sehr gut für diesen Zweck. Wenn möglich, kannst du auch einen langen Spaziergang machen, um deine Willenskraft wieder aufzufüllen, damit du die restlichen Aufgaben des Tages optimal erledigen kannst. Leider ist in unserer Arbeitswelt die Siesta bzw. der regelmäßige Power Nap eher verpönt, was ein großer Fehler in Bezug auf die Produktivität und Entscheidungsfindung ist.

Plane am besten eine oder mehrere dieser Strategien über den Tag hinweg ein, um deine Willenskraft wieder zu regenerieren. Ich mache zum Beispiel je nach Bedarf einen Power Nap zur Mittagszeit und meditiere täglich für ca. 20 Minuten. Das hilft mir für den restlichen Tag. Probiere einfach aus, was für dich passend ist und sei nachsichtig mit dir, wenn es mal nicht klappt wie geplant.

Was treibt uns an?

Um unsere Ziele zu erreichen, reicht Willenskraft alleine nicht aus. Wir brauchen eine zusätzliche Komponente, die uns hilft, weiterzumachen und das Tempo zu erhöhen, wenn es nötig ist. Diese Komponente ist die Leidenschaft für eine Sache, die uns stark macht. Leidenschaft hilft uns, unsere Energie zu maximieren, sie macht uns mutig und ist ein Auslöser für Flow, diesen zutiefst befriedigenden Zustand, der uns aus sich selbst heraus antreibt.

Wir haben oft ein falsches Verständnis darüber, was Leidenschaft ist und wie wir sie entwickeln können. Leidenschaft ist nichts anderes als Neugier, die über einen gewissen Zeitraum kultiviert wurde. Neugier ist eine Komponente von Leidenschaft. Es ist die Frage, die wir uns stellen, wenn wir mit etwas beginnen. Wenn wir neugierig sind, suchen wir neue und herausfordernde Wege und Lösungen.

Es gibt in der Motivationsforschung mehrere Sichtweisen darüber, was uns von innen heraus motiviert, allerdings auch deutliche Schnittpunkte.

Menschen sind von Geburt an auf Kooperation ausgelegt, was wir an dem Verhalten von Babys gut erkennen können und was durch Studien gut belegt wurde. Dem liegt ein tiefes Bedürfnis nach Zugehörigkeit und Verbindung zu Grunde.

Wir brauchen andere Menschen, wir wollen dazugehören. Dennoch machen wir nicht selten Dinge, mit denen wir das Gegenteil erreichen und uns ausschließen. Unser Verhalten ist mehr oder weniger darauf ausgelegt, anderen zu gefallen, zugehörig zu sein und geliebt zu werden.

Wir wollen aber auch selbst entscheiden und Kontrolle über unser Leben haben. Selbstbestimmung ist ein Teil unserer Motivation, die uns von innen heraus antreibt. Wird Selbstbestimmung zum Beispiel im beruflichen Kontext beschnitten, leidet nicht nur die Zufriedenheit, sondern auch unsere Produktivität darunter.
Auch in der Erziehung von Kindern, wo jede Entscheidung dem Kind abgenommen wird und es

nicht altersangemessen selbst bestimmen kann, hat dies negative Folgen auf die Entwicklung des Kindes.

Kompetenzen zu entwickeln, motiviert uns ebenso von innen heraus. Wir sind lernende Lebewesen und wir wollen Dinge meistern und perfektionieren. Es gibt kaum etwas motivierenderes, als eine Sache zu tun, die wir irgendwann mit viel Übung meisterlich beherrschen. An diesem Punkt kehrt Leichtigkeit ein und es sieht von außen einfach aus.

Dieser Zustand wird als Flow bezeichnet. Flow ist ein autotelischer Zustand, das bedeutet, er ist aus sich selbst heraus erfüllend. In diesem Zustand sind wir sowohl zeitvergessen als auch selbstvergessen und haben Zugang zu tieferem Wissen in uns.

Im Zustand des Flows schüttet unser Körper verschiedene Botenstoffe wie Dopamin und Serotonin aus, um nur einige zu nennen, die uns antreiben, motivieren und sich einfach hervorragend anfühlen, sodass wir mehr davon wollen und danach streben, erneut die belohnende Tätigkeit auszuführen.

Als ich vor über 20 Jahren mit dem Kampfkunst-Training begann, war ich mir meiner inneren Motive nicht bewusst. Ich wollte mich besser verteidigen können und fand es schon immer faszinierend, wie effektiv man sich bewegen kann. Außerdem arbeitete ich zu dieser Zeit in verschiedenen Clubs und war im Nachtleben sehr aktiv.
Ich wollte durch das Training einer Kampfkunst lernen, selbstbestimmt in Bedrohungssituationen zu bleiben und mich zur Not mit den richtigen Techniken verteidigen zu können. Zu Beginn war

mein Antrieb, Kontrolle und Selbstbestimmung zu entwickeln. Das war der Grund, warum ich zum ersten Training ging, doch das änderte sich im Laufe der Zeit.

Meine Neugier, die mich immer wieder antrieb, entwickelte sich nach einer gewissen Zeit zu einer Leidenschaft. Meine Kompetenz nahm mit jedem Training zu. Ich begann damit, andere zu unterrichten und eröffnete mein eigenes Institut, bis ich irgendwann den Meistergrad erlangte.

Ohne ein Mindestmaß an Neugier hätte ich das niemals geschafft. Ich wusste zum damaligen Zeitpunkt nicht, dass ich scheinbar unbewusst die wichtigsten Hauptmotive, nämlich Selbstbestimmung, Perfektionierung bzw. Kompetenzentwicklung und Sinnerfüllung angesprochen und aktiviert hatte. Dadurch blieb ich motiviert und baute meine Willenskraft auf.

Auch heute trainiere ich noch in aller Regelmäßigkeit, weil es eine Leidenschaft ist und das Ziel Meisterschaft nicht das Ende, sondern eine Einstellung ist. Begriffe wie Meisterschaft sind dabei nur ein Label, das jedoch schnell zu einem Problem werden kann und somit die eigene Entwicklung blockiert, wenn man sich darauf ausruht oder sich zu stark damit identifiziert.
Diese Konzepte und Ideen gebe ich seit Jahren in meinen Kursen und Coachings weiter und merke, wie sinnerfüllend diese Arbeit für mich ist, weil ich damit Positives bewirken kann und meine intrinsischen Motive angesprochen sind.

Natürlich musst du jetzt keine Kampfkunst lernen, um deine intrinsische Motivation zu wecken und zu nutzen. Vielmehr musst du dir ein Ziel setzen, das du selbstbestimmt gewählt hast und auch aus eigener Kraft erreichen kannst.

Der Weg zu diesem Ziel sollte dich mit Herausforderungen konfrontieren, die verlangen, dass du neue Fähigkeiten perfektionierst und meisterst. Und wenn es dann noch möglich ist, dein Ziel in einen größeren Kontext einzuordnen, also deine Tätigkeit Sinn und Bedeutung für dich hat, dann hast du alle wichtige, intrinsische Motive angesprochen, was dich auf einer neuen und tieferen Ebene glücklich und erfolgreich macht.

Glück neu definiert!

Menschen verfügen über ein angeborenes Belohnungssystem, das uns motiviert und antreibt, aber auch zu vielen Problemen führen kann, besonders in der heutigen Zeit. Immer wenn wir etwas Angenehmes oder die Vorerwartung auf etwas Angenehmes haben, schüttet unser Körper Dopamin aus. Dabei kann jegliches Ereignis als Belohnung bewertet werden. Von Spielautomaten, über Alkohol, Drogen, Sex und Essen, um nur einige zu nennen, die dabei helfen sollen, sich weniger „schlecht" zu fühlen, weniger ängstlich und weniger unsicher.

Dies birgt die Gefahr, dass unser Gehirn etwas lernt, was sich in der Folge als Sucht bzw. Verhaltensschleife festigt. Auch subtilere Erfahrungen, die uns erstmal nicht bewusst sind, können unser Belohnungssystem aktivieren.

Wenn uns zum Beispiel jemand in den sozialen Medien ein „Gefällt mir“ für einen unserer Beiträge hinterlässt oder wenn eine Nachricht auf unserem Handydisplay aufblinkt, bekommen wir einen kleinen Dopaminschub. Doch auch wenn wir nur eine kleine Erleichterung erfahren, zum Beispiel ein unangenehmes Gefühl, das verschwindet, lernt unser Gehirn, dieses Verhalten zu wiederholen. Weil es sich erst einmal gut anfühlt. Und wer will sich nicht gut fühlen?

Viele Verhaltensweisen und Aktivitäten basieren auf diesem Mechanismus. Wir tun etwas, Dopamin wird ausgeschüttet, wir fühlen uns besser und wiederholen das Verhalten.
Es gibt jedoch noch eine andere Art von Glück, die tiefer ist. Der Weg dorthin ist nicht immer angenehm, manchmal frustrierend und erschöpfend, doch am Ende zutiefst erfüllend.

Es gibt kein Leben, in dem man nur von Glück erfüllt ist. Ohne Licht gibt es keinen Schatten. Woher sollen wir wissen, dass wir glücklich sind, wenn wir vorher kein Unglück oder Schmerz erlebt haben? Wir können uns somit auch nicht von unserem Schmerz abschneiden, weil wir uns dann auch von unserem Glück und unserer Freude abschneiden.

Eine der Tatsachen der menschlichen Existenz ist, dass es schwer ist, glücklich zu sein. Emotionaler Schmerz und Leid sind grundlegende Merkmale menschlichen Lebens, schaut man sich die Häufigkeit der psychischen Erkrankungen, Alkoholismus und Selbstmord in unserer Gesellschaft an.

Wir glauben, dass Glücklichsein der Normalzustand ist, sobald wir uns aber nicht glücklich fühlen, schlussfolgern wir, dass etwas nicht mit uns stimmt. Wir versuchen, dem Glück hinterherzurennen, laufen jedoch daran vorbei; wie der Titel eines Buches von Russ Harris, einem meiner Ausbilder, lautet. Gefühle von Glück kommen dann, wenn wir etwas tun, das uns Sinn gibt, das wichtig für uns ist, etwas, das wir selbst gewählt haben und dann, wenn wir unsere Komfortzone verlassen.

Ein bequem eingerichtetes Leben, das nur auf kurzfristige Befriedigung ausgelegt ist, ohne jegliche Herausforderungen, ist ein langfristig unglückliches Leben. Wenn wir lernen, auf die kurzfristige Befriedigung zu verzichten und langfristig auf ein Ziel hinzuarbeiten, werden wir eine andere, tiefere und neue Art des Glücks und der Zufriedenheit erleben.

Wenn zum Beispiel Gesundheit ein wichtiger Wert für dich ist und du dir als Ziel gesetzt hast, fünf Kilo abzunehmen, dann kannst du dich fragen, ob es hilfreich ist, eine halbe Tafel Schokolade zu essen, um an dein Ziel zu kommen.
Es könnte sein, dass du zu der Erkenntnis kommst, auf die sofortige Befriedigung und den Dopaminschub zu verzichten, um langfristig glücklich zu sein mit einer sportlicheren Figur und besseren Gesundheit.

Doch dir sollte klar sein, dass es auf dem Weg dorthin Momente geben wird, in denen du dich auch mal nicht glücklich fühlst, ja vielleicht sogar leidest. Nur wenn du bereit bist, den Schmerz und dein Leiden in diesen Momenten als Teil des Prozesses zu betrachten, ohne sofort die unangenehmen Gefühle verdrängen oder abmildern zu wollen, kannst du langfristig erfolgreich und glücklich werden.

Übung 5.1: Training deiner Willenskraft

Ein Bestandteil deiner Willenskraft ist Widerstandsfähigkeit. Wie du weißt, willst du manch kurzfristiger Befriedigung widerstehen, um dein größeres Ziel zu erreichen. Um das zu trainieren und zu verbessern, gehst du wie folgt vor:

Wenn du schon regelmäßig Sport machst, dann kannst du das bei der nächsten Einheit testen. Solltest du keinen Sport machen, dann schlage ich dir vor, die Plankposition dafür zu nutzen. Das bedeutet, du gehst in die Liegestützposition auf den Boden, ohne deine Arme zu beugen, sondern einfach in der Ausgangsposition zu halten.

Nimm am besten dein Handy und mache die Stoppuhr an. Bleibe so lange wie es dir möglich ist in der Position, damit du eine Baseline, also einen Ausgangswert hast. Beobachte in der Plankposition, welche Kommentare dein Verstand dir sagt.

Besonders wenn es schwerer wird. In den meisten Fällen sagte er, dass es zu schwer ist, zu anstrengend, was das bringen soll, dass die Übung doof ist und so weiter. Das ist normal. Mach es dir bewusst.

Im nächsten Schritt machst du einige Minuten Pause, bevor du erneut in die Plankposition gehst. Schalte dieses Mal wieder die Stoppuhr an und beobachte wieder deinen Verstand.
Doch jetzt sagst du innerlich laut „Stopp!", sobald irgendwelche Kommentare auftauchen, ergänzt du es mit einer Aussage wie: „Ich mache weiter!". Es ist

wichtig, dass du lernst, deinen inneren Dialog zu erkennen und notfalls zu unterbrechen. Mache die Übung mehrmals pro Woche und suche nach Gelegenheiten, die Stopp-Technik auch in anderen Kontexten anzuwenden.

Zum Beispiel, wenn du am Wochenende aufstehen willst, aber dein Verstand dir Gründe liefert, warum du noch etwas länger liegen bleiben sollst. Ersetze den zweiten Teil mit „Ich stehe jetzt auf!", gefolgt von der Handlung. Je öfter du diese Technik trainierst, desto einfach wird es dir fallen, deine Willenskraft gezielt einzusetzen. Doch bedenke, dass du für ausreichend Erholung und guten Schlaf sorgst, damit du Zugang zu deiner vollen Willenskraft hast.

Schreibe dir auf um wie viel Sekunden du es länger in der Plankposition ausgehalten hast. Versuche deine Zeit durch die Stopp-Technik jedes Mal zu verlängern.

Notizen:

Übung 5.2: Von Neugier zu Leidenschaft

Um deine Leidenschaft zu entdecken, nutzen wir deine Neugier und Interessen.
Schreibe eine Liste mit 20 bis 25 Dingen, die dich wirklich interessieren und neugierig machen. Zum Beispiel könnten dich Themen wie Sport, Essen, Reisen, Kultur, Musik und so weiter interessieren. Werde dann bei jedem einzelnen konkret. Das ist wichtig, um deine Aufmerksamkeit zu steuern und neue Verknüpfungen zu finden. Bei Sport könntest du dich konkret fragen, wie werde ich sportlicher? Oder wie kann ich meine Leistung beim Weitsprung verbessern? Formuliere für jede Sache eine oder zwei konkrete Fragen.

Als Nächstes zeichnest du einen großen Kreis auf ein Blatt Papier und schreibst die Oberbegriffe um den Kreis herum. Schau jetzt, welche Überschneidungen und Schnittpunkte du finden kannst. Verbinde die Punkte miteinander, bei denen es Überschneidungen gibt.

Um dir ein konkretes Beispiel von mir zu geben: Ich interessiere mich für Reisen, Mountainbike fahren und Spaß haben. Diese drei Dinge sind für mich miteinander verbunden und der gemeinsame Nenner ist die Herausforderung.

Und genau das ist eine meiner Leidenschaften, nämlich mich immer wieder herauszufordern –
beim Sport und im mentalen Bereich.

Notizen

Damit du am meisten von dieser Übung profitierst, nimm dir am besten mehrmals pro Woche Zeit und fange an, mit den verschiedenen Verknüpfungen zu spielen. Beobachte mögliche neue Erkenntnisse, die du dadurch gewinnst und was sich zeigt, wenn du die für dich passenden Punkte miteinander verbindest.

Merke: Motivation

Für den Startschuss und das kontinuierliche Dranbleiben ist sie notwendig: Motivation. Während extrinsische Motivation vor allem auf Basis externer Reize wie Geld entsteht, kannst du die nachhaltigere intrinsische Motivation aus einer Tätigkeit selbst schöpfen. Willenskraft gibt dir die Möglichkeit, trotz Motivationstief weiterzuarbeiten und deinen Zielen nachzugehen. Um das Tempo zu erhöhen, kannst du dir die mitreißenden Eigenschaften des Flow-Zustands zunutze machen.

Mit Training deiner Willenskraft kannst du deine Widerstandsfähigkeit verbessern. Indem du deine Leidenschaften entdeckst, fällt es dir leichter, einen Weg zu finden, auf dem du von Grund auf intrinsisch motiviert bist.

6 Werte

Werte sind selbstgewählte Qualitäten des Verhaltens. Sie beantworten uns die Frage, wofür wir stehen wollen und wie wir sein wollen. Sie geben uns eine als wertvoll erachtete Richtung vor. Unsere Werte sind keine Regeln und können uns nicht von anderen vorgegeben werden. Dies zu tun, würde nur zu einer inneren Leere und erlebten Sinnlosigkeit führen, besonders wenn keine Werte definiert wurden, die uns eine Richtung vorgeben.

In diesem Buch verwende ich die Definition der Acceptance und Commitment Therapie. Dort werden Werte als eine frei gewählte Vorstellung definiert, wie man sein möchte, wofür man steht und wie man sich und andere behandeln will.

Viel wichtiger als die Frage der Definition ist die praktische Anwendung des Konzepts. Was habe ich davon, mich mit meinen Werten zu beschäftigen und welchen Nutzen kann ich daraus ziehen, um motivierter, erfolgreicher und glücklicher zu sein?

Werte sind wie ein Kompass. Sie sind im Gegensatz zu Zielen kein Ort, an dem man ankommt, sie sind somit niemals fertig und können nicht erreicht werden. Ich kann einen Wert nicht abhaken, er gibt mir Orientierung und zeigt mir, ob die Richtung stimmt.
Werte werden durch die Qualität unseres Verhaltens gelebt. Wenn zum Beispiel Liebe ein wichtiger Wert für mich ist, dann kann ich diesen Wert ausleben, indem ich mich liebevoll verhalte und ein Ziel auf

Basis dieses Werts definiere. Heiraten könnte dann ein konkretes Ziel sein, womit der Wert Liebe aber nicht verschwindet, sondern auch nach der Heirat gelebt werden sollte.

Dabei ist es wichtig, sie frei zu wählen und dies nicht auf Basis anderer Meinungen oder Erwartungen zu tun, weil dies dann der Wert einer anderen Person wäre, also das, was sie als wertvoll erlebt und nicht unseren eigenen Vorstellungen entspricht. Gleichzeitig müssen wir das, was wir als wertvoll erachten, vor niemanden rechtfertigen, genauso wie wir nicht rechtfertigen müssen, warum wir Vanilleeis mögen. Es ist einfach so.

Wenn wir uns unserer Werte bewusst sind und diese frei gewählt haben, werden wir motivierter und ausdauernder unsere Ziele verfolgen können, weil es uns wichtig ist und „von Wert" für uns. In deinen Zielen drücken sich bereits implizit deine Werte aus. Machst du sie jedoch explizit, werden sie dich zusätzlich motivieren und antreiben.

Ein Beispiel: Wenn du als Ziel hast, eine Frau zu finden, zu heiraten und Kinder zu bekommen, dann drückt das die Werte Liebe und Familie aus. Diese dienen dir dann als Orientierung und Antrieb. In diesem Kapitel zeige ich dir verschiedene Wege, um mehr Klarheit über deine Werte zu bekommen und wie du sie mit deinen Leidenschaften in Einklang bringst.

Als Coach für Veränderung und Meister einer Kampfkunst haben meine Werte und die Frage wofür ich stehe besonders hohe Priorität. Wenn ich in dieser

Position keine Verantwortung für meine Werte übernehme, sie mir vielleicht unklar sind, agiere ich widersprüchlich, irritierend und verantwortungslos. Dabei geben mir die Fragen, wofür ich stehen will, wer und was mir wichtig ist und wie ich sein will Orientierung. Dies hat direkte Auswirkung auf die Atmosphäre in meinen Kursen und Coachings.

Wenn ich als Führungsperson Klarheit über meine Werte habe, dann führt dies zu Sicherheit bei meinen Schülern und Klienten. Ich setze mir selbst damit klare Grenzen, an denen sich andere orientieren können. Einer meiner Kernwerte ist zum Beispiel Offenheit. Das bedeutet für mich, ich begegne unvoreingenommen anderen Menschen, deren Erfahrungen und wie sie die Welt erleben. Indem ich unter anderem neugierig zuhöre und nicht wertend bin, lebe ich diesen Wert.

Das bedeutet jedoch auch, dass in meinen Kursen und in meinem Unterricht weder Religion noch Politik ein Thema sind. Jeder soll an das glauben, was er will und für wertvoll erachtet, solange er es anderen nicht aufzwingt oder sie von seiner Meinung überzeugen will.

Mir ist es egal, woran jemand glaubt, welche politische Einstellung er hat, ich klebe kein Label drauf und stecke ihn auch nicht in eine Kategorie, die ihn ausschließt oder inkludiert.

Es bedeutet aber auch, dass es für mich eine Grenze gibt, nämlich dann, wenn dieser Wert missachtet wird, indem jemand durch seine Überzeugungen die nötige Offenheit vermissen lässt. Sollte also jemand seine politischen oder religiösen Ansichten in meinen Kursen verbreiten, reagiere ich demgegenüber nicht offen, sondern stoppe dies umgehend und unmissverständlich. Da ich aber diesen Wert lebe, können sich meine Teilnehmer und Klienten unbewusst daran orientieren und werden so nicht dazu verleitet, ihre Ansichten verteidigen zu müssen. Sie sind somit emotional sicher und fühlen sich angenommen.

Ein weiterer meiner Kernwerte ist Effektivität. Für mich bedeutet das, dass die Dinge, die ich mache und unterrichte, effektiv sein müssen. Sie müssen funktionieren und das so gut wie möglich. Mir ist es in meinem Leben schon mehrmals passiert, dass ich eine Diskrepanz zwischen diesem Wert und der jeweiligen Aktivität wahrgenommen habe.

Als ich zum Beispiel Ende 2010 meiner Ausbildung als NLP-Lehrtrainer beendet hatte, bemerkte ich, dass viele der Versprechungen nicht meinen Erfahrungen entsprachen. Manche Strategien funktionierten zwar für einige, andere jedoch nicht. Vor meiner Ausbildung wurde jedoch damit geworben, wie effektiv NLP sei und was man damit alles erreichen könne. Nach 3 Jahren Ausbildung, vieler Coaching Sitzungen und hunderter Bücher, überkam mich die Einsicht, dass ich zwar Fortschritte in meiner persönlichen Entwicklung gemacht hatte, die Kernprobleme jedoch immer noch vorhanden waren. Dies irritierte und verwunderte mich.

Mein Wert Effektivität meldete sich, weil meine Erfahrungen den Inhalten und Konzepten widersprachen. Für viele war dies kein Problem, schließlich stand nicht für jeden dieser Wert im Vordergrund. Allerdings fiel es mir persönlich schon immer schwer, anderen Menschen Inhalte zu vermitteln, von denen ich nicht komplett überzeugt war oder an denen ich zweifelte.

Ich stieß durch Zufall auf eine recht unbekannte Therapiemethode aus Amerika, die im Jahr 2010 in Deutschland noch nicht sehr weit verbreitet war. Im Bereich Coaching und Persönlichkeitsentwicklung war die Acceptance und Commitment Therapie (ACT) überhaupt nicht bekannt. Ich war völlig fasziniert und begeistert von der Effektivität dieses Systems, dass ich meine bisherige Arbeit mit NLP nicht mehr guten Gewissens fortsetzen wollte. Ich beendete die von mir angebotenen NLP-Kurse, die ich zu dieser Zeit abhielt und löste meine Firma Coaching Revolution auf, um in den nächsten Jahren alles über ACT und ähnliche Methoden zu lernen.

Ich kann nicht behaupten, dass dies der einfachste Weg war und das andere ihn genauso gehen müssen oder gegangen wären. Doch ich hatte keine andere Option, meinen Werten treu zu bleiben. Denn neben Offenheit und Effektivität ist auch Authentizität ein wichtiger Wert für mich. Und diese Werte konnte ich nur leben, indem ich die entsprechenden Entscheidungen traf und mich entsprechend verhielt, auch wenn dies bedeutete, etwas zu beenden und seine Pläne komplett umzuwerfen.

Wofür will ich stehen?

Wir drücken durch unser Verhalten, unsere Ziele und das, wovon wir überzeugt sind, aus, wofür wir stehen.

Meist geschieht dies versteckt unter dem Radar. Wir übernehmen Verhaltensweisen, Ziele und Überzeugungen unserer Eltern, der Gesellschaft oder anderer Menschen. Dies ist erstmal unproblematisch, schließlich fühlen wir uns dadurch zugehörig.

Wahrscheinlich hast du dir in deinem Leben schon oft Ziele gesetzt und diese erreicht. Aber hast du dich dabei jemals gefragt, wofür du eigentlich stehen willst? Diese Frage ist nicht immer leicht zu beantworten, jedoch sehr wichtig. Denn nur wenn du weißt, wofür du stehen willst und dir klar darüber bist, was deine unverrückbaren Überzeugungen sind, bekommen deine Ziele eine neue Qualität und Tiefe.

Ich habe lange Zeit den Fehler gemacht, mir diese Frage nicht zu stellen. Das hatte zur Folge, dass meine beiden Kampfkunst-Kurse für Kinder zwar sehr gut besucht waren, jedoch nicht dem entsprachen, was ich mir unter dieser Art von Unterricht vorstellte.

Mir war es oft zu laut und chaotisch. Der erste Trainer, der den Kurs leitete, hatte freie Hand und bekam keine Vorgaben von mir. Dies war bis zu einer gewissen Anzahl an Schülern auch kein Problem.

Doch ich verpasste den Punkt, die Schülerzahl zu begrenzen oder ihm einen Hilfstrainer zur Seite zu stellen.
Da es keine Beschwerden gab und die Teilnehmerzahl konstant hoch blieb, kümmerte ich mich um andere Dinge, wie der Ausbildung anderer Trainer. Nachdem er mir mitteilte, dass er wegen der knappen Zeit seines Hauptberufs mit dem

unterrichten von Kindern aufhören wolle, suchte ich einen adäquaten Ersatz.

Jedoch war die eingespielte Dynamik und das, wofür der neue Trainer stand, ganz anders als zuvor. Er hatte es in den ersten Wochen sehr schwer, die Gruppe unter Kontrolle zu bringen.

Ich bemerkte, wie es an mir nagte und wie unzufrieden ich war, denn schließlich wollte ich einen qualitativ hochwertigen Unterricht anbieten, der die Kinder voranbringt. Ich musste mir überlegen, was mir wichtig war, wofür ich und der Unterricht stehen sollten. Ich stellte ihm einen Co-Trainer zur Seite und legte die Richtlinien fest, was ich erwarte und wie es am besten umgesetzt werden könnte. Dies gelang mir erst, nachdem ich meine persönlichen Werte klar definiert hatte.

Heute ist der Unterricht qualitativ sehr hochwertig und effektiv. Den Kindern werden ausschließlich Fähigkeiten vermittelt, die sie in der Schule und im Leben voranbringen. Dazu habe ich verschiedene Verhaltensregeln definiert und klare Grenzen gesetzt, die von den Trainern den Kindergruppen vermittelt werden und umgesetzt werden. Ohne eine klare Richtung, wofür ich, mein Unterricht und mein Coaching stehen sollen, wäre dies nicht möglich gewesen.

Dein Verhalten, wie und was du kommunizierst, drückt aus, wofür du im Leben stehst. Was dir wichtig ist, drückt sich in deinem Verhalten aus. Wenn du eine Leidenschaft gefunden hast, zeigen sich deine Werte darin, so wie du dich verhältst, während du dich in Richtung deines Ziels bewegst.

Nehmen wir an, dir ist der Bereich Partnerschaft oder Ehe wichtig. Und nehmen wir weiter an, dir ist der Wert Integrität wichtig. Dann kannst du dich fragen, wie du dich am besten verhältst, damit dein Partner erkennt, wofür du stehst.

Was kannst du konkret tun, damit der Wert Integrität sichtbar wird und von deinem Partner erkannt wird? Du könntest zum Beispiel das tun, was du sagst. Und nur das sagen, was du auch wirklich tun wirst. Damit würdest du den Wert Integrität leben und man könnte von außen an deinem Verhalten diesen Wert erkennen.

Somit ist die Frage, wofür du stehen willst, handlungsleitend und gibt dir eine Richtung vor, wie ein Kompass.

Natürlich ist es oft nicht einfach, seine Werte zu leben und dafür einzutreten, wofür man steht, doch es ist eine wichtige Voraussetzung, um ein stabiles Fundament zu schaffen.

Erfolg neu definiert!

Im Allgemeinen verstehen wir unter Erfolg, die uns gesetzten Ziele zu erreichen. Oftmals wird Erfolg auf den finanziellen Bereich bzw. materiellen Bereich reduziert. Geld und auch materielle Dinge sind scheinbar ein objektiver Maßstab.

Gesellschaftlich werden Menschen, die viel Geld, Immobilien und Reichtum besitzen als erfolgreich angesehen. Der Maßstab liegt dabei immer in Relation zu unseren Mitmenschen, was die Gefahr birgt, nur die äußere Selbstdarstellung zu sehen. Ob wahrer Erfolg vorliegt, ist somit auf den ersten Blick nicht zu erkennen.

Aber auch Kinder und eine funktionierende und glückliche Familie gelten häufig als Erfolg. Dabei steht das Wort im eigentlichen Sinne dafür, dass etwas auf unser Handeln hin erfolgt ist. Tun wir etwas, woraufhin nichts erfolgt, ist dies im Wortsinn auch kein Erfolg.

Doch führt Erfolg automatisch zu Glück und Zufriedenheit? Und wie viel materiellen Erfolg benötigen wir? Wir unterliegen der falschen Überzeugung, dass wir nur genug Geld besitzen müssten und unsere Probleme wären weg und wir wären endlich glücklich. Auch wenn dies kurzfristig zu einer Erleichterung führen mag, ist der entscheidende Faktor unsere Einstellung zu Erfolg.

US-Forscher haben herausgefunden, dass die empfundene Lebenszufriedenheit bis zu einem Jahresnettoeinkommen von 75.000 Dollar steigt.
Danach wird weder mehr Glück noch mehr Stress empfunden. Wir können also festhalten, dass mehr finanzieller Erfolg nicht automatisch zu mehr Glück und Zufriedenheit führt. Wir haben über unseren materiellen oder persönlichen Erfolg nur bedingte Kontrolle. Zwar können wir uns Ziele setzen, doch wissen wir nicht, ob wir bei Zielerreichung dann auch so glücklich sind wie erhofft oder ob sich die

Umstände nicht geändert haben. Einige meiner Klienten sind sehr gut darin, ihre Ziele zu erreichen, doch sehr schlecht darin, dies wirklich wahrzunehmen und anzuerkennen.

Was zur Folge hat, dass sie wie ein Esel der Karotte hinterherlaufen, in der Hoffnung, endlich glücklich zu werden, doch niemals ankommen. Sie registrieren zwar, dass sie ein Ziel erreicht haben, doch halten sie nicht inne und erkennen ihre Leistung und ihren Erfolg an. Dabei werden nicht selten Freunde, Familie und die Gesundheit vernachlässigt, was negative Folgen auf das Glücksempfinden hat.
Was würde sich somit als Alternative anbieten und wie könnten wir Erfolg aus einem anderen Blickwinkel betrachten? Indem wir Erfolg als etwas ansehen, dass wir schon auf dem Weg zum Ziel erleben und erreichen können, wenn wir unsere Ziele auf unsere Werte ausrichten. Angenommen dein Ziel ist es, zehn Kilo abzunehmen.

Du hast dir einen konkreten Zeitpunkt in drei Monaten gesetzt, an dem du dein Ziel erreicht haben willst. Hindernisse hast du aus dem Weg geräumt und dir feste Zeiten eingeplant, an denen du Sport machst und deine Ernährung umstellst.

Dann beginnst du, deinen Plan umzusetzen, indem du mehrmals in der Woche Sport machst, dich gesund ernährst und auf ungesunde Dinge wie Alkohol oder Süßigkeiten verzichtest. Was glaubst du, wie lange du das durchhältst? Ist es dann auch noch ein Erfolg, wenn du „nur“ neun Kilo abgenommen hast? Schließlich hast du dein Ziel nicht erreicht.

Du könntest dich aber auch fragen, welcher Wert hinter deinem Ziel steckt und diesen als Maßstab für deinen Erfolg nehmen. Angenommen es wäre der Wert Gesundheit oder Fitness. Um diesen Wert zu leben, machst du Sport, ernährst dich gesund und verzichtest auf Alkohol. Du bewegst dich also mit jeder kleinen Handlung Schritt für Schritt in Richtung deines Ziels. Dein Verhalten, also was du tust, drückt aus, was wertvoll für dich ist.

Wenn Erfolg bedeutet, deine Werte zu leben, dann bist du jeden Tag erfolgreich, weil du ein wertebasiertes Leben lebst. Du bewertest für dich nicht mehr das Endergebnis als ultimativen Maßstab für Erfolg, sondern ob du den dahinter liegenden Wert durch dein tägliches Verhalten lebst.

Dadurch wird deine intrinsische Motivation jeden Tag aufs Neue gestärkt. Es fühlt sich zudem gut und erfüllend an, deine Werte und das, wofür du stehst, zu leben.

Materieller und persönlicher Erfolg stellen sich daraufhin wie von selbst ein, einfach dadurch, dass du schon jeden Tag erfolgreich bist. Es wird zu einer sich selbst erfüllenden Prophezeiung

Übung 6.1: Die Beerdigungsrede

Um dir mehr Klarheit über deine Werte zu verschaffen, kannst du folgende Übung ausprobieren (auch wenn es vielleicht etwas makaber wirken mag, lass dich davon nicht abhalten). Atme einige Male tief ein und aus, bis du etwas zur Ruhe kommst:

Unser Leben wird irgendwann zu Ende gehen, das ist sicher, auch wenn wir sehr gut darin sind, es zu verdrängen. Stell dir nun vor, dass du gestorben bist. Aus einem dir unbekannten Grund kannst du als unsichtbarer Gast an deiner Beerdigung teilnehmen. Mache dir ein klares Bild darüber, wie die Beerdigung abläuft, wo sie stattfindet und wer anwesend ist.

Alle Menschen, die dir etwas bedeuten, sind dort versammelt, um dir die letzte Ehre zu erweisen. Jeder den du magst und gerne sehen würdest, ist da. Suche dir nun eine Person aus, die eine Grabrede hält, über dich, dein Leben und wofür du gestanden hast.
Diese Rede beschreibt dein Leben, welches deinen innersten Werten entsprochen hat. Was würdest du gerne über dich hören, wie du dein Leben gelebt hast, wenn du deine Werte voll und ganz gelebt hättest?
Schreibe nun frei heraus alles, was dir in den Sinn kommt. Wie willst du in Erinnerung bleiben? Was soll von dir bleiben? Was willst du, dass über dich gesagt wird? Überlege dir zum Abschluss, was auf deinem Grabstein stehen soll.
Wenn du all das, was über dich gesagt wurde, in einem Satz formulieren müsstest, damit es auf deinen Grabstein passt. Was würde dort stehen?

Notizen:

Diese Übung soll dir eine Orientierung bieten und eine Richtung geben. Du weißt jetzt ungefähr, was deine Leidenschaften sind und wofür du stehen willst in Bezug auf die Qualität deines Verhaltens und kannst jetzt jeden Tag deine Werte leben, damit irgendwann deine Beerdigungsrede genauso wird, wie in dieser Übung formuliert.

Denk daran: Du legst fest, was für dich wichtig ist und welche Werte du leben willst. Du kannst diese Übung jederzeit wiederholen und anpassen, sollte sich das, was wertvoll und wichtig für dich ist, verändern.

Übung 6.2: Sinnfindung

Bisher haben wir auf Basis deiner Neugier deine Leidenschaften exploriert. In dieser Übung gehen wir einen Schritt weiter. Wie bereits beschrieben ist Sinnfindung und einen Lebenszweck zu haben, ein sehr wichtiger intrinsischer Antreiber. Menschen brauchen einen Sinn im Leben, damit wir einen Grund haben, morgens aufzustehen. Diesem Sinn wollen wir ein Stück näher kommen.
Nimm dir wieder dein Notizbuch und mache dir eine Liste von ungefähr zehn globalen Problemen, die du gerne gelöst hättest. Herausforderungen wie Bildungsnotstand, Armut oder Krieg. Schreibe die auf, die dein Herz berühren und bemerke auch, warum sie dir so wichtig sind.

All das sind Dinge, die über uns hinausgehen und größer sind als wir selbst. Wenn du jetzt ungefähr zehn Themen notiert hast, es können auch weniger sein, dann schreibe sie auf kleine Klebezettel. Nimm dir dann deine Liste mit deinen Interessen und Leidenschaften. Dort hast du einige Überschneidungen herausgefunden. Überprüfe jetzt, ob du Verbindungen zu den Themen auf den Klebezetteln finden kannst. Formuliere dann ein Statement dazu.

Zum Beispiel könntest du Interesse an Büchern, Psychologie und Sport haben. Deine Leidenschaft könnte mentales Training und Leistungssteigerung in der Leichtathletik sein.
Und eins der globalen Probleme, die du gerne gelöst haben würdest, könnte Übergewicht und Diabetes

sein. Somit könnte die Erstellung eines Online-Programms, das durch mentales und körperliches Training Menschen fitter und gesünder macht, dir einen tieferen Sinn im Leben geben.

Notizen:

Mach dir nichts draus, wenn es zu Beginn schwer ist dein Lebenszweck zu finden. Dies ist ein Prozess und benötigt einiges an Zeit und Ausdauer. Wenn du jedoch dranbleibst und dich wiederholt damit beschäftigst, dann wird es dir mit jedem Mal klarer.

Merke: Werte

Werte wie Liebe oder Gesundheit sind Qualitäten, die dir besonders wichtig sind und als Kompass dienen. Deine Werte zu kennen und nach ihnen zu leben, sichert dir ein motiviertes und zielgerichtetes Handeln. Sie verbessern deine Fähigkeit, Entscheidungen zu treffen und sorgen dafür, dass du dich stets in dem von dir gewählten Werterahmen bewegst. Die Übungen Beerdigungsrede und Sinnfindung bieten dir eine Hilfestellung, um Klarheit über deine Werte zu gelangen und herauszufinden, was dir im Leben am wichtigsten ist.

7 Ziele

Die Wichtigkeit, klare Ziele zu haben und sich regelmäßig neue Ziele zu setzen, darf nicht unterschätzt werden. Wenn wir uns keine Ziele setzen, werden es andere für uns tun. Ziele treiben uns an und motivieren uns. Sie helfen uns, in Flow zu kommen, weil wir unsere Aufmerksamkeit auf etwas, das uns wichtig ist, fokussieren. Ziele setzen, führt zu mehr Selbstbestimmung, einem der drei intrinsischen Hauptmotive.

Weiterhin können wir unsere Fähigkeiten perfektionieren, da Ziele ein Maßstab für unser Vorankommen sind. Und wir können durch unsere Ziele Sinn in unser Leben bringen. Damit sind die drei der wichtigsten intrinsischen Antreiber aktiviert, wenn wir in der Lage sind, uns auf Basis unserer Leidenschaften und Werte, neue Ziele zu setzen. Haben wir alles aufeinander ausgerichtet, werden wir uns motiviert fühlen und jeden Tag daran arbeiten, aus unserem Leben das Beste herauszuholen und voller Erfüllung zu leben. Ohne Ziele treiben wir umher oder werden von unseren Impulsen und Gefühlen in verschiedene Richtungen getrieben, die sich jeden Tag ändern können. Ziele geben uns eine Orientierung über unsere Zeit.

Menschen wollen Disziplinen perfektionieren und meistern, das treibt uns aus uns selbst heraus an. Dazu benötigen wir Ziele, damit wir messbar vorankommen. Ziele beeinflussen auch, wie wir die Welt wahrnehmen.

Simons und Chabris führten ein Experiment („Gorillas in unserer Mitte") durch, in dem sie zeigten, wie unser Gehirn Informationen ausblendet, die nicht zu unseren Zielen und Absichten passen. Der Versuchsaufbau sah vor, dass der Proband zählen sollte, wie oft ein Ball zwischen zwei Gruppen mit jeweils drei Personen, die entweder ein schwarzes oder ein weißes T-Shirt trugen, umher geworfen wurde. Nach ungefähr 75 Sekunden wurden sie befragt, wie oft sie den Ballwechsel gezählt haben. 15 Mal wechselte der Ball in dieser Zeit.

Dann fragte der Versuchsleiter, ob sie den Gorilla gesehen hätten. Nur 50 Prozent sahen ihn. Während des Ballwechsels lief ein verkleideter Mensch in einem Gorillakostüm durch den Raum, stellte sich in die Mitte, trommelte sich auf die Brust und verließ den Raum wieder. Der Versuch zeigt eindeutig und in beeindruckender Weise, wie wir Dinge sehen und sie ausblenden und dass wir sie erst gar nicht sehen. So als wären sie nicht da.

Ich finde das sehr faszinierend und hilfreich. Denn es stellt sich die Frage, was die Bedingungen sind, wann wir etwas wahrnehmen und wann nicht. Den Probanden wurde zu Beginn eine klare Anweisung gegeben, was sie tun sollten, nämlich den Ballwechsel zählen.

Das war deren Absicht und somit ihr Ziel. Das bedeutet, wir nehmen die Welt in Abhängigkeit von unseren Zielen, Absichten und Werten wahr.
Unser Gehirn sucht nach Übereinstimmungen in der Welt. Auch wenn es nur erneut der Beweis für eine

negative Selbsteinschätzung ist, wenn wir zum Beispiel glauben, nicht gut genug zu sein. Selbst gewählte Werte, Ziele und tägliche Aufgaben sind somit die Hauptbedingung, um ein lebendiges, erfolgreiches und glückliches Leben zu führen.

Denn Ziele sind nichts anderes als erwünschte Ergebnisse oder erwünschte Zustände in der Zukunft. Im Gegensatz zu Werten können wir Ziele jedoch konkret erreichen und abhaken. Nachdem wir in den vorigen Kapiteln unsere Leidenschaften und Werte entdeckt haben, werden wir in diesem Kapitel die dazu passenden Ziele setzen, um das, was uns am Herzen liegt und uns Sinn gibt, praktisch zu erreichen.

Wenn Ziele einen Sinn haben und in ihnen unsere Werte ausgedrückt werden, fühlen wir uns motiviert und haben einen Grund, morgens aufzustehen. Ziele sind messbar, von uns erreichbar und zeitlich festgelegt, da es sich sonst um einen Wunsch oder ein Traum handelt, jedoch nicht um ein Ziel.

Woher sollte man wissen, ob man die richtigen Entscheidungen getroffen hat oder Anpassungen vornehmen muss, wenn man kein konkretes Ziel definiert hat.

Das ist ungefähr so, als würde man auf dem offenen Meer in einem Segelboot sitzen und willkürlich umher treiben. Wenn ich kein Ziel habe, dann treibe ich umher, wo mich gerade die Wellen und der Wind hinbringen.
Dabei ist es zweitrangig, ob ich an einem bestimmten Ort ankommen möchte, oder ob mein Ziel darin

besteht, zu segeln. In beiden Fällen kann ich erkennen, wann ich mein Ziel erreicht habe. Es ist messbar und im Normalfall von mir zu erreichen.

Um bei der Segelboot-Metapher zu bleiben: Das Ergebnis der Sinnfindungsübung gibt dir einen Grund für die Reise. Die Werte zeigen dir die Richtung auf dem Kompass. Und deine Ziele, die du in diesem Kapitel definieren wirst, bestimmen den konkreten Ort, zu dem du hinsegelst und was dein nächster Schritt in diese von dir gewählte Richtung ist.

Auf dem Weg zu deinem Ziel ist es nötig, bestimmte Etappen zu planen, denn zu größeren Zielen gehören viele Unterziele oder auch Meilensteine, die sich dann wieder in konkrete tägliche Aufgaben aufteilen.

Wenn du zum Beispiel ein Buch schreiben willst, wirst du dir vorher ein Thema und eine Struktur ausdenken und basierend darauf kleinere Unterziele definieren sowie tägliche Aufgaben, die du abhaken kannst, damit du dein Hauptziel nach einiger Zeit erreichst.

Wenn du dir ein großes und herausforderndes Ziel setzt, dann solltest du das „Warum“ dahinter kennen. Ansonsten wirst du langfristig dein Ziel nicht erreichen, weil die Motivation verloren geht und es mit Willenskraft nur teilweise ausgleichbar ist.

Hilfreiche Fragen bei der Zielsetzung sind:

- Warum willst du dieses Ziel erreichen?

____

- Was ist dir wichtig daran?

____

- Welchen gesellschaftlichen oder globalen Beitrag leistest du damit?

____

- Welche Werte stehen hinter deinem Ziel?

____

- Wie würdest du dich fühlen, wenn du das Ziel erreicht hättest?

____

- Hat das Ziel einen tieferen Sinn für dich?

____

Welche Ziele gibt es?

Es gibt verschiedene Kategorien von Zielen. Für unseren Zweck sind Ergebnis und Prozessziele relevant.

Ergebnisziele definieren, wie das Wort schon sagt, ein konkretes Ergebnis. Zum Beispiel könnte ein Ergebnisziel sein, 10 kg in 3 Monaten abzunehmen. Ein Prozessziel definiert, was wir konkret tun. Drei Mal in der Woche Sport machen, ist zum Beispiel ein Prozessziel, das dann zu einem Ergebnisziel führen kann, aber nicht muss.

Daneben kann man jedes Ziel in Haupt- und Nebenziele sowie tägliche Aufgaben (To-dos) unterteilen. Diese Unterteilung ist wichtig, wenn wir uns ein großes Ziel setzen, für dessen Erreichen wir einen längeren Zeitraum benötigen. Planung spielt dabei eine wichtige Rolle.

Wir sollten das Ziel soweit aufteilen bzw. in kleinere Stücke zerlegen können, sodass wir klare Handlungsanweisungen haben und regelmäßige Erfolgserlebnisse erleben, die uns motivieren und bei der Stange halten.

Ziele werden manchmal in Kategorien unterteilt, wie monetäre Ziele oder auch Kostenziele, Zeit- oder Terminziele oder auch Leistungsziele. Streng genommen fallen diese in die Hauptkategorie der Ergebnisziele.

Ein Ziel kann so gut wie alles sein, das wir uns vorstellen können, solange es messbar, von uns erreichbar und zeitlich fixiert ist. Das können persönliche Ziele sein, wie einige Kilo abzunehmen, es können berufliche Ziele sein, wie Abteilungsleiter zu werden oder es können Lebensziele sein, wie Kinder zur Welt zu bringen oder eine Villa am Stadtwald zu besitzen.

Ziele sollten dabei realistisch sein. Das bedeutet nicht, dass du dir nicht ein großes Ziel setzen sollst, doch du solltest die physischen Beschränkungen, denen wir unterliegen, bei deiner Zielsetzung berücksichtigen. Wie ein Vogel fliegen zu können ist kein realistisches Ziel.

Ein Flugzeug zu fliegen allerdings schon. Profi-Basketballer zu werden könnte ein Ziel sein, wenn du aber schon Mitte 40 bist und 1,70 m groß und seit zehn Jahren kein Sport gemacht hast, dann ist die Wahrscheinlichkeit sehr hoch, dass du dieses Ziel nicht erreichen wirst.

Was aber nicht bedeutet, dass du nicht in einer Amateurmannschaft Basketball spielen kannst. Wenn dir zum Beispiel Basketballspielen einen Sinn im Leben verleiht und du dort deine Werte ausleben kannst, dann ist es zweitrangig, ob du zum Hobby mit Freunden spielst oder in einer Profimannschaft.

Ich beobachte immer wieder, wie Profisportler jede Gelegenheit nutzen, um ihre Leidenschaft und das, was ihnen Sinn gibt, zu leben.
Mike Tyson ist ein hervorragendes Beispiel. Es gibt unzählige Videos, wie er jemandem in der Öffentlichkeit Schlagkombinationen beibringt. Dabei ist es egal, ob er im Ring steht, er tut das, was er am

besten kann und wofür er brennt. Dein Ziel sollte das ausdrücken, wofür du brennst, das was dich motiviert, dir Sinn und eine Aufgabe im Leben gibt.

Wie setze ich Ziele?

Eine wirkungsvolle Methode, um Ziele zu setzen, ist das S.M.A.R.T.-P-Prinzip. S.M.A.R.T.-P. steht für **s**pezifisch, **m**essbar, **a**lleine erreichbar, **r**elevant, **t**erminiert und **p**ositiv formuliert.

Spezifisch bedeutet, dass dein Ziel nicht vage und unklar formuliert ist, sondern das, was du erreichen willst, genau beschrieben und formuliert werden kann. Messbar heißt, dass du den Fortschritt wie auch das Erreichen des Ziels messen kannst. So erkennst du, ob dich deine Aktivitäten näher an dein Ziel bringen, oder ob du Anpassungen vornehmen musst.

Alleine erreichbar sollte dein Ziel in Bezug auf deine Fähigkeiten, Wissen und Team, Kapazitäten bzw. Ressourcen sein. Außerdem sollte dein Ziel in Bezug auf deine Werte relevant sein und im Einklang mit deinem Lebenszweck stehen.

Und es sollte zeitlich festgelegt sein, also ein konkretes Datum haben, wann du das Ziel erreicht haben willst. Außerdem sollte dein Ziel positiv formuliert sein, damit dein Unbewusstes die nötige Aufmerksamkeit bereitstellt, damit du dir ein inneres Bild dazu machen kannst.

Denn unser Unbewusstes funktioniert hauptsächlich durch Bilder. Dir dein Ziel vorstellen zu können, ist sehr wichtig, um es erreichen zu können. Wenn dein

Ziel zum Beispiel ist, einen attraktiveren und sportlichen Körper zu haben, dann kann es sehr hilfreich und motivierend sein, wenn du dich vor dem inneren Auge mit Sixpack im Schwimmbad vorstellst. So als ob du dein Ziel schon erreicht hättest.

Natürlich willst du dir Ziele setzen, die für dich eine Bedeutung haben. Nachdem du deine Leidenschaften und Werte kennengelernt hast und eine ungefähre Ahnung hast, was dir in deinem Leben Sinn gibt, kannst du daraus konkrete Ziele ableiten.

Nehmen wir an, dass du dich für Produktivität, Erfolg und Psychologie interessierst. Deine Leidenschaft ist es vielleicht, Neues zu lernen oder persönlich zu wachsen.

Deine Werte sind Freiheit und Offenheit. Und es gibt deinem Leben Sinn, anderen Menschen dabei zu helfen, im Leben voranzukommen. Dann könntest du dir auf dieser Basis ein Ziel setzen. Ein Ziel wäre zum Beispiel, dass du ein Buch zu diesem Thema schreibst oder einen Kurs erstellst und anbietest. Somit hättest du deine Leidenschaft, Werte und Ziele in Einklang gebracht. Du würdest das Ziel als lohnenswert und motivierend erleben.

Nachdem du dir verschiedene Ziele gesetzt hast, die auf deinen Leidenschaften und Werten basieren und deinem Leben Sinn geben, geht es im nächsten Schritt darum, konkrete Handlungen abzuleiten sowie tägliche oder wöchentliche Routinen zu bilden.

Wir verbringen sehr viel Zeit mit sich wiederholenden Tätigkeiten. Gewohnheiten und

Routinen haben den Vorteil, dass sie automatisch ablaufen und sehr wenig unserer Gehirnkapazität benötigen. Je mehr Dinge wir vorbereiten müssen, um mit der eigentlichen Tätigkeit anzufangen, desto weniger kognitive Ressourcen stehen uns zur Verfügung. Du solltest zum Beispiel deine Sporttasche immer am selben Ort aufbewahren, und zwar so, dass du nicht erst alles zusammensuchen musst, sondern direkt anfangen kannst, wenn du es dir vorgenommen hast.

Dazu ist es sinnvoll, bestimmte Zeiten festzulegen. Wenn du dreimal in der Woche Sport machen willst, dann notiere dir vorher die Zeiten in deinem Kalender und sorge dafür, dass deine Sporttasche bereit liegt, sowie alles andere was du dazu benötigst.

Unser Verstand ist sehr gut darin, uns in unserer Komfortzone zu halten, und er findet für alles genug Gründe und Ausreden, warum wir besser zu Hause bleiben sollten. Ziel ist hierbei, einen Anfang zu finden und dann eine Routine aufzubauen, um dein größeres Ziel zu erreichen.

Wenn du dir zum Beispiel das Ziel gesetzt hast, zehn Kilo abzunehmen, dein Wert dahinter Gesundheit ist und es dir Sinn gibt, mit deinen Kindern aktiv Zeit zu verbringen, dann kannst du dir überlegen, was der erste Schritt ist, solltest du lange keinen Sport gemacht haben. Wahrscheinlich wäre es zu viel, wenn du dir vornimmst, dreimal in der Woche für eine Stunde zu trainieren. Du würdest vielleicht ein oder zwei Wochen durchhalten, doch relativ schnell wieder in die alte Routine fallen.

Fang deshalb klein an. Nimm dir so wenig vor, dass du fast nicht scheitern kann. Das könnte so aussehen, dass du zweimal in der Woche für 10 Minuten Sport machst. Schließlich willst du eine Gewohnheit daraus machen, was einige Zeit dauert. Du kannst natürlich auch mehr machen, doch es ist wichtiger regelmäßig etwas zu tun.

Allerdings gibt es beim Aufbau von Zielen und Routinen einige Fallstricke, die man kennen sollte. Wir befinden uns die meiste Zeit auf dem Weg zu unserem Ziel, was uns glauben lässt, dass wir glücklich sein werden, wenn wir es erreicht haben. Leider ist dies ein Trugschluss des Verstands.

Selbst wenn wir die perfekte Strandfigur haben oder diesen speziellen Job bekommen oder endlich den Partner fürs Leben gefunden haben, gewöhnen wir uns recht schnell daran. Es wird dann zu unserer neuen Normalität, wir haben sozusagen unsere Baseline auf eine andere Ebene geschoben und erhalten somit einen neuen Standard.

Hast du dich jemals gefragt, warum Menschen in eine Depression verfallen, weil sie die Hälfte ihres Vermögens verloren haben? Für die meisten Menschen wären 10 Millionen Euro in Aktien eine Menge Geld, doch wenn man zuvor 40 Millionen Euro besessen hätte und 30 verloren hat, dann sind zwar 10 Millionen immer noch sehr viel, aber doch ein großer Verlust. Die Baseline hat sich auf 40 Millionen eingependelt und die Differenz zur neuen Baseline von 10 Millionen kann zu extremer Verzweiflung und Depression führen.

Sei dir dessen bewusst, wenn du eins deiner Ziele erreichst. Der Moment des Triumphs dauert nicht sehr lange an und kann uns schnell mal leer und ausgebrannt zurücklassen, weil die Vorstellung, wie toll es sich anfühlen würde, nicht der Wirklichkeit entspricht. In der Konsequenz setzen wir uns ein neues Ziel, weil wir hoffen, dass wir dann endlich glücklich sein werden. Damit verlagern wir aber unser Glück in die Zukunft und leben in einer Wartestellung.

Schließlich müssen wir erst das neue Ziel erreichen, bevor wir wirklich glücklich sein können, weil unser Verstand uns weismachen will, dass wir nur noch dies oder jenes brauchen. Wenn wir nicht schon auf dem Weg zu unserem Ziel Freude, Erfolg und Motivation erleben, dann werden wir das auch nicht bei der Zielerreichung. Deshalb ist es wichtig, unsere Ziele auf unsere Leidenschaften, Werte und das, was uns Sinn gibt, abzustimmen.

Auch sollte dir bewusst sein, dass manches nicht in deiner Kontrolle liegt.
Du kannst dir zwar das Ziel setzen, 10 Kilo abzunehmen, doch vielleicht gelingt es dir nicht, weil dein Stoffwechsel anders reagiert oder weil unbewusste Verhaltensmuster aktiv sind, die die Zielerreichung sabotieren. Dich nicht zu verurteilen, sondern dein Ziel anzupassen, ist hier die beste Strategie. Ganz besonders, dich nicht als Versager zu betrachten. Du bist dann nicht erst erfolgreich, wenn du 10 Kilo abgenommen hast, sondern wenn du heute zum Sport gegangen bist. Die Ergebnisse kommen in ihrem Tempo, solange du eine Richtung und einen Endpunkt für dich definiert hast.

Ein weiterer Fallstrick liegt in der Paralyse vor zu großen Zielen. Wenn wir uns ein Ergebnisziel setzen, dann kommt es nicht selten vor, dass wir uns fühlen, als würden wir vor einem großen Berg stehen, ohne den Gipfel überhaupt sehen zu können.

Wir wissen nicht, wo wir anfangen sollen, die schiere Größe des Ziels – das Endergebnis – überfordert uns. Wenn ein Ziel zu groß ist und wir es nicht in Unterziele und konkrete Aufgaben unterteilen, kann es uns lähmen und wir fühlen uns frustriert. Deshalb solltest du dein Ziel soweit aufteilen wie möglich, sodass du jeden Tag konkrete Schritte gehen kannst, um es zu erreichen.

Am besten nimmst du dir nach der Zielsetzung den ersten kleinen Schritt vor. Frage dich dazu, was du heute konkret tun kannst, um deinem Ziel einen kleinen Schritt näherzukommen. Unterschätze es nicht, denn der Anfang ist meist das Schwierigste, achte darauf, schnell ins Handeln zu kommen.

Dein Ziel sollte gut geplant sein, achte jedoch darauf, es nicht zu verplanen. Der Verstand versucht gerne, alles bis ins kleinste Detail zu planen, vorauszusehen und auszuarbeiten, doch Perfektionismus kann uns bremsen und auf der Stelle treten lassen. Manches lässt sich nicht planen und anderes ergibt sich auf dem Weg zum Ziel.

Eine gewisse Flexibilität ist hilfreich, um bei Bedarf Anpassungen vorzunehmen. Du willst aktiv werden, eine Richtung haben und einen Ort, an dem du ankommen willst. Ob du mit dem Bus, dem Auto oder dem Fahrrad fährst, hängt davon ab, wie du an dein Ziel kommen willst und was dir zur Verfügung steht.

Manches geht schneller, du bekommst aber weniger von der Strecke mit. Ein anderer Weg dauert länger, doch du lernst die Landschaft besser kennen. Es ist deine Wahl, in welche Richtung du gehen willst und wie du in diese Richtung gehst, aber auch welche Orte du auf dem Weg dorthin besucht, an denen du kurz Rast machen kannst.

Übung 7.1: Ziele setzen

Wir haben bis jetzt herausgefunden, was deine Leidenschaften und Werte sind. Du hast eine ungefähre Ahnung davon, was deinem Leben Sinn gibt und du zur Gesellschaft beitragen könntest. Auf dieser Basis setzt du dir in dieser Übung 3–5 Ziele.

Die Ziele sollten groß, herausfordernd und im Einklang mit deinen Leidenschaften und Werten stehen, damit sie Flow fördern und dich motivieren. Nimm jetzt das Ergebnis aus der Sinnfindungs-Übung.

Welches Problem hättest du gerne gelöst und welche Überschneidungen gibt es mit deinen Leidenschaften? Du handelst leidenschaftlich gerne mit Aktien und Kinderarmut ist zum Beispiel eins der Probleme, die du gerne gelöst hättest. Dann könnte ein Ziel sein, ein gemeinnütziges Unternehmen zu gründen, dass sich gegen Kinderarmut einsetzt in Bezug auf Aktienfonds oder Investitionen für ärmere Familien. Oder deine Leidenschaften sind Sport und Fitness, Kriege eins der Probleme, die du gerne gelöst hättest, dann könnte ein Ziel sein, ein Sport- und Rehaprogramm für Menschen aus Kriegsgebieten zu entwickeln. Du verstehst, worauf ich bei dieser Übung hinaus will. Setze dir ein Ziel, das über dich selbst hinausgeht und größer ist als du.

Überprüfe danach, ob dein Ziel positiv formuliert ist und ob du es aus eigener Kraft erreichen kannst.
Das bedeutet, du prüfst, ob die Fähigkeiten und Ressourcen, die du hast, ausreichend sind.

Achte auch darauf, dass du einen Zeitrahmen setzt, wann du es erreicht haben willst.

Unterteile danach das Ziel in Unterziele und diese wiederum in tägliche Aufgaben:

- Warum ist dir dein Ziel wichtig?
- Wie lautet dein Ziel auf Basis von S.M.A.R.T.-P.?
- Welche Meilensteine sind nötig?
- Was musst du vorbereitend tun?
- Was sind deine täglichen Aufgaben?

Übung 7.2: Routinen aufbauen

Du hast dir mindestens ein Ziel gesetzt, das dich motiviert und dir Sinn gibt. Jetzt bauen wir eine passende Routine dazu auf. Routinen helfen uns, die kognitive Belastung zu reduzieren, mehr Flow zu erleben und freier zu sein. Du kannst dir unter einer Routine einen festgelegten Ablauf zu einer bestimmten Uhrzeit vorstellen, an dem du vorgeplante Aufgaben erledigst. Wir können zu allen möglichen Tätigkeiten eine Routine aufbauen, jedoch reicht für unseren Zweck eine Morgen- und Abendroutine.

Nimm dir zu diesem Zweck wieder dein Notizbuch. Bevor du schlafen gehst, reflektiere kurz den Tag. Schreib dir auf, was gut funktioniert hat und was du gelernt hast. Plane danach die Aufgaben für den morgigen Tag, die mit deinem Ziel zusammenhängen.

Notiere dir folgende Antworten:

- Was kann ich morgen konkret tun, um meinem Ziel näherzukommen?
- Welche Aufgaben stehen an?
- Was ist der nächste Schritt?

Du willst 4–10 Punkte auf deiner Liste haben, die du am Abend abhaken kannst. Plane auch Zeiten für Pausen und Fahrten ein. Durch das abendliche Abhaken schüttet dein Organismus Dopamin aus, was dich für den nächsten Tag motiviert und so dein Verhalten verstärkt.

Denke daran, unnötige kognitive Belastungen zu beseitigen, indem du Uhrzeiten festlegst, wann du aufstehst, wann du schlafen gehst und wann du deine Aufgaben erledigst. Setze es einmal fest, sodass du nicht jedes Mal neu darüber nachdenken musst. Lege dir alles bereit, was nötig ist, um am nächsten Tag direkt mit der Aufgabe zu beginnen. Nimm dir am Anfang des Tages die längste und schwierigste Aufgabe vor, weil dann deine Willenskraft noch vollständig aufgefüllt ist.
Ich stehe zum Beispiel täglich gegen 9:30 Uhr auf, was für typische Eulen eine passende Uhrzeit ist. Ich gehe dann sofort ein Glas Wasser trinken und mache meine Atemübung.

Danach schaue ich in meinen Kalender und was ich mir am Vortag an Aufgaben gesetzt habe. Anschließend dehne ich mich leicht und gehe kalt duschen. Danach beginne ich, für ca. 90 Minuten meine Aufgaben von der Liste abzuarbeiten. Die schwierigste zuerst. Frühstück gibt es meist danach, da ich mich sonst träge fühle. In dieser Zeit kann ich außerordentlich produktiv sein, weil ich völlig im Flow bin.

Um 1 Uhr nachts beginne ich dann mit der Reflektion meines Tages und notiere mir die Aufgaben für den nächsten Morgen, damit mein Unbewusstes über die Nacht hinweg schon gut vorbereitet ist. Du wirst sehen, wie wunderbar es sich anfühlt und wie deine Motivation zunimmt und du fast automatisch die wichtigen und notwendigen Dinge erledigst, die dich in deinem Leben nach vorne bringen.

Notizen:

Merke: Ziele

Ziele sind unerlässlich. Sie geben eine klare Richtung vor und garantieren kontinuierliche Weiterentwicklung, Motivation und Fokus. Bei der Zielsetzung solltest du zwischen Ergebnis- und Prozesszielen unterscheiden, um unterschiedliche Ziele richtig einzuteilen und einschätzen zu können.

Die Übungen Ziele setzen und Routinen aufbauen geben dir einen Leitfaden, wie du Ziele nach dem S.M.A.R.T.-P.-Prinzip entwickeln kannst sowie vielversprechende Handlungsmuster, die dich langfristig zum Erreichen deines Ziels bringen.

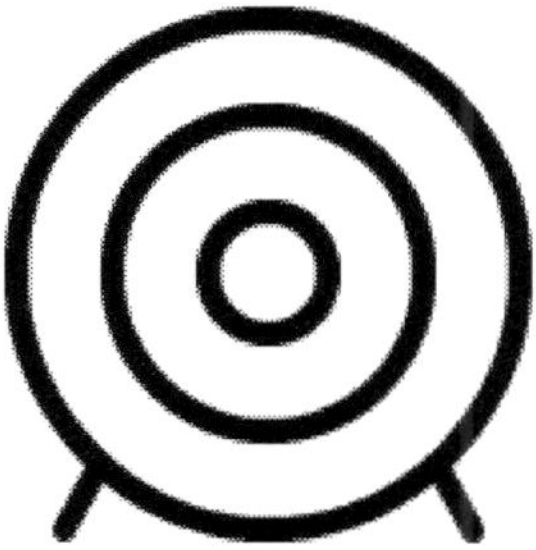

8 Hindernisse

Auf dem Weg zu einem erfolgreichen und glücklichen Leben werden wir mit verschiedenen Hindernissen konfrontiert. Manche davon sind kleiner und leicht zu beseitigen, andere sind größer und können uns von unserem Weg abbringen. In diesem Kapitel zeige ich dir die grundlegenden Hindernisse, die dir früher oder später begegnen werden und wie du sie überwindest.

Nicht selten sabotieren wir uns und unseren Erfolg oder verlieren die Motivation an unseren Zielen und befinden uns schnell wieder dort, wo wir angefangen haben. Oftmals haben wir Angst davor zu scheitern und machen dann unbewusst alles dafür, dass sich die Angst bestätigt. Im schlimmsten Fall fangen wir erst gar nicht an. Manchmal ist es aber auch die Angst vor dem Erfolg, die uns davon abhält, unsere Ziele zu erreichen und erfolgreich zu sein.

Ich habe in den ersten Kapiteln beschrieben, was du tun kannst, um ein hilfreiches Mindset zu entwickeln. Um wirklich voranzukommen, ist ein tieferes Verständnis über dich, deine inneren Prozesse und die jeweiligen Hindernisse nötig, das ich dir in diesem Kapitel vermitteln will.

Wir Menschen haben irgendwann in der Evolutionsgeschichte die Fähigkeit zur Sprache entwickelt. Das hat uns ermöglicht, Zivilisationen zu erbauen, wunderbare Dinge zu erschaffen und uns dorthin gebracht, wo wir heute sind, auch wenn nicht alles perfekt ist.

Könnten wir uns aussuchen, in welche Zeit wir geboren werden wollen, dann gäbe es keine bessere als die heutige.

Mithilfe von Sprache können wir Wissen weitergeben, ohne, dass die Person erneut die Erfahrung machen muss. Wir können andere warnen, ihnen mitteilen, wie sie etwas tun oder wo sie besser nicht hingehen. Und wir können nachdenken, neue Dinge erschaffen und Lösungen für Probleme finden.

Doch Sprache hat auch eine Schattenseite. Da sich Sprache immer symbolisch auf etwas bezieht und beschreibt, können wir zwei oder mehrere Dinge, die nichts miteinander zu tun haben müssen, aufeinander beziehen, alleine durch das Wesen der Sprache. So bilden sich Sprachnetzwerke, deren Inhalte sich wechselseitig aufeinander beziehen.
Wenn A gleich B ist, weißt du, dass B auch gleich A ist. Und wenn A gleich C ist, muss B auch gleich C sein. Du musst nur zwei Verbindungen kennen und kannst daraus 4 weitere Verbindungen ableiten, ohne das explizit trainiert zu haben. Selbst kleine Kinder können das ab einem gewissen Alter. Das ist das, was uns vom Tier unterscheidet. Selbst der schlauste Schimpanse ist dazu nicht in der Lage.

Was hat das aber jetzt mit unserem ultimativen Mindset zu tun? Unser Verstand ist wie gesagt hervorragend darin, zu kombinieren und Probleme zu lösen, durch willkürliche Ableitungen und dadurch, dass er Objekte aufeinander beziehen kann, die in keinem direkten Verhältnis zueinander stehen. Und diese Tatsache ist das größte Hindernis auf dem Weg unsere Ziele zu erreichen.

Der Verstand sucht im Inneren nach Lösungen. Jedoch funktioniert unser innerer Mechanismus anders als der äußere. Wenn du im Außen auf ein Problem stößt, sagen wir dein Reifen ist platt, dann wird dein Verstand überlegen, welche Schritte du tun musst, um das Problem zu beseitigen.

Wenn du im inneren auf ein Gefühl oder einen Gedanken stößt, das du nicht haben willst, dann wird dein Verstand versuchen, es genauso zu lösen wie im außen. Er wird versuchen, es zu entfernen oder zu reparieren. Allerdings kann man Gedanken und Gefühle nicht entfernen oder reparieren. Unser Nervensystem funktioniert nur durch Addition, nicht durch Subtraktion. Je mehr du versuchst, etwas im Inneren zu reparieren, desto mehr Aufmerksamkeit bekommt es und umso größer und gefestigter wird das sprachliche Netzwerk dahinter.

Leider funktioniert Ignorieren und Vermeiden auch nicht, weil sich dann das Gefühl oder der Gedanke unbewusst manifestiert. Passive Aggression ist ein Beispiel dafür, wenn etwas verdrängt und nicht gesehen wird und sich dann auf einer anderen Ebene äußert, ohne dass es demjenigen bewusst ist.

Wenn du dich in Richtung deines Ziels und den Dingen, die dir wichtig sind, bewegst, dann wird früher oder später etwas auftauchen, das du als unangenehm erlebst. Sei es ein Gedanke (innere Bilder, Erinnerungen, Worte, etc.), ein Gefühl oder eine Körperempfindung.

Überlässt du deinem Verstand die Kontrolle, wird er dir eine Lösung präsentieren, die dich wahrscheinlich von deinem Ziel entfernt. Wir essen Schokolade, um das Gefühl von Einsamkeit loszuwerden, wir trinken Alkohol, um unsere Unsicherheit zu verbergen, oder wir wollen alles perfekt machen, um so unserer Angst vor Kritik aus dem Weg zu gehen. All das sind Strategien, die kurzfristig ein wenig Erleichterung schaffen können, uns jedoch langfristig schaden.

Unser Verstand ist limitiert in Bezug auf die korrekte Voraussagung der Zukunft. Er kann das wirklich nicht gut. Und nur deshalb, weil er das nicht gut kann, sind wir Menschen soweit gekommen. Es ist besser, sicher, lebendig und hungrig zu sein, als tot. Stell dir vor, wie deine Steinzeitvorfahren auf der Suche nach Nahrung in einiger Entfernung einen unbekannten Umriss sehen. Der Optimistische aus der Gruppe freut sich, weil er glaubt, der Umriss sei eine große Brombeerhecke. Der Pessimistische aus der Gruppe zögert im Gegensatz dazu, weil er denkt, dass es ein Bär sein könnte. Beide wissen es nicht genau. Der Optimistische und positiv eingestellte Steinzeitmensch bricht auf, um die leckeren Beeren zu pflücken, doch nachdem er auch am nächsten Tag nicht zurückgekommen ist und der Umriss nicht mehr sichtbar war, nimmt sich der Pessimistische die Frau des Optimistischen und zieht weiter.

Du verstehst jetzt vielleicht besser, warum unser Verstand so funktioniert und mehr Aufmerksamkeit auf das Negative und die Dinge richtet, die schief gehen könnten. In der heutigen Zeit musst du dir allerdings keine Sorgen mehr machen, dass dich ein Bär frisst, außer du lebst in einem Wald in Kanada.

Die entscheidende Frage an dieser Stelle ist, ob du bereit bist, all die unangenehmen Gefühle und Empfindungen zu haben, die auftauchen können und wahrscheinlich auch werden, wenn du dich in Richtung der Ziele bewegst, die dir wichtig sind. Bist du bereit, das zu tun, was dir wichtig ist und dir Sinn gibt, um dein Ziel zu erreichen, auch wenn keine Motivation da ist oder wenn dich Lustlosigkeit dominiert?

Du kannst dir diese Bereitschaft vorstellen, wie wenn du von einem Stuhl runterspringst. Du kannst nicht halb springen. Du tust es einfach und überlässt den Rest der Schwerkraft. Und genauso ist es, wenn du dich entscheidest, mit etwas anzufangen, das dir wichtig ist. Ich kann dir garantieren, dass die Motivation und die Lust beim Machen kommt oder auch nicht. Es ist deine Wahl, wofür du stehen willst. Glaubst du deinem Verstand und folgst ihm? Oder glaubst du deiner Erfahrung und nimmst du die Bedenken und Versuche, dich in Sicherheit zu wiegen wahr und machst es trotzdem?

Was verhindert Erfolg?

Wie bereits zuvor beschrieben, gibt es mehrere Bereiche, in denen man erfolgreich sein kann und es hängt auch maßgeblich davon ab, wie wir Erfolg definieren. Erkennen wir überhaupt, dass wir erfolgreich sind, oder vergleichen wir uns ständig mit anderen, die scheinbar erfolgreicher sind, nur um eine Bestätigung zu bekommen, dass wir nicht erfolgreich sind.

Diese Vergleiche sind sehr hinderlich für unseren eigenen Erfolg. Wenn wir glauben, nicht erfolgreich zu sein, werden wir unbewusst alles dafür tun, damit sich diese Überzeugung bestätigt. Sie wird zu einer sich selbsterfüllenden Prophezeiung. In der Konsequenz erkennen wir bestimmte Gelegenheiten nicht, die uns das Leben präsentiert und können so nicht Chancen ergreifen, um weiterzukommen.

Hinzu kommt, dass wir durch zögern, grübeln und nachdenken Erfolg verhindern. Wir können nicht erwarten, dass wir etwas erreichen und erfolgreich sind, indem wir das tun, was wir schon die ganze Zeit getan haben. Warum sollten wir Erfolg haben, wenn alles so bleibt? Logischerweise bekommen wir dann dieselben Ergebnisse wie zuvor. Außer wir sind schon erfolgreich, dann macht es Sinn, mehr zu machen oder es beizubehalten.

Womit wir beim nächsten Punkt wären, der unseren Erfolg verhindert. Wir erkennen nicht, was langfristig funktioniert, und wir machen mehr von dem, was nur kurzfristig funktioniert. Mit dieser Strategie können wir sicher sein, dass wir nicht an unser Ziel kommen.

Ich habe bei einigen meiner Klienten, als auch bei mir selbst, vor einigen Jahren beobachten können, dass ich an einen Punkt kam, an dem sich eine Selbstzufriedenheit eingestellt hat. Ich hatte den Gedanken, dass ich schon so viel gelernt, getan und erreicht habe und jetzt nicht mehr die unangenehmen und frustrierenden Dinge tun müsse.
Das ging auch einige Zeit gut, doch hat es mein Vorankommen blockiert. Erst als ich mir klar gemacht habe, dass ich immer wieder durch den Frust

gehen muss und schließlich die nötige Bereitschaft entwickelt hatte, stieg der Erfolg automatisch als Konsequenz auf mein verändertes Verhalten wieder an.

Wie wir unglücklich werden

Über die Zeit entwickeln wir Strategien, die kurzfristig Erleichterung schaffen, aber langfristig nicht funktionieren. Wir versuchen anderen zu gefallen, indem wir uns verstellen, in der Hoffnung, dazuzugehören oder gemocht zu werden.

Doch erkennen wir oftmals nicht, dass wir uns selbst damit wegdrücken und uns für andere sozusagen aufgeben. Der Preis dafür ist hoch. Auch wenn unser Gegenüber uns zunächst signalisiert, uns zu mögen, wissen wir doch, dass er das wohl nur tut, weil wir uns verstellt haben. Wir werden unglücklich, wenn wir für andere unser wahres Selbst, unseren Wesenskern, unterdrücken.

Doch glaubt unser Verstand, dass wir nur besonders sein müssten, um dazuzugehören und geliebt zu werden. Wir fangen also an, unser Verhalten zu übertreiben, bauen kleine Lügen ein, um wichtiger zu wirken oder tun kund, wie besonders schwer wir es haben. Das Resultat führt zum Gegenteil. Menschen haben weniger Interesse an ihrem Gegenüber als Folge dieses Verhaltens.

Aber auch wenn wir unsere Gedanken und den Inhalt wörtlich nehmen, kann uns das sehr unglücklich und auch erfolglos machen. Worte sind generell nicht die Wahrheit, sondern beschreiben etwas. Wir reden

„über“ etwas, sind also nicht drin. Doch tun wir so, als ob unsere Worte und Gedanken die Realität seien. Dabei erkennen und verstehen wir nicht, wie willkürlich verschiedene Gedanken auftauchen, da sie in große Netzwerke eingebunden sind.

Die Worte „besser“, „schlechter“. „mehr als“ und „weniger als“ sind ein Spiel mit dem Feuer. Wir vergleichen uns mit anderen, doch je mehr dieser Worte wir verwenden, ohne uns darüber bewusst zu sein, desto größer wird die Gefahr, uns unglücklich zu fühlen.

Unser Verstand erkennt negative Dinge schneller als positive, die an uns abgleiten, wie an einer Teflonpfanne. Das ergibt im Hinblick auf die Evolution Sinn, doch führt es auch dazu, dass wir noch so erfolgreich sein können, es jedoch oftmals nicht erkennen und wahrnehmen.

Je mehr wir mit den Inhalten unserer Gedanken und unseren Gefühlen kämpfen und sie kontrollieren wollen, desto unglücklicher werden wir dabei. Das ist ungefähr so, wie wenn wir in ein Loch gefallen sind und nur noch tiefer graben, weil wir nichts anderes als eine Schaufel haben.

Diese Schaufel ist die Kontrollstrategie des Verstands, der etwas aus dem Weg räumen oder reparieren will.

Manchmal sitzen wir jedoch in einem Loch und glauben, dass wir den Grund kennen und verstehen müssen, warum wir ins Loch gefallen sind. Doch kommen wir mit diesem Wissen auch nicht aus dem

Loch heraus. Es ändert nichts daran, dass wir ins Loch gefallen sind.

Was können wir dagegen tun?

Damit du weniger von deinem Verstand dominiert wirst und Zugang zu deinen Ressourcen bekommst, kannst du einige Dinge tun, um mit den Hindernissen, die auf deinem Weg zum Ziel auftauchen, zurechtzukommen.

Ein regelmäßiges Achtsamkeitstraining ist ein guter Anfang, um schneller die inneren Prozesse zu erkennen und zu unterbrechen. Auch hilft es dir, präsenter zu werden und leichter deine Ziele zu erreichen. Es gibt mittlerweile eine Vielzahl an sehr nützlichen Apps, wie Headspace, Calm oder 7Mind.

Mach dir dieses Training zur Routine, indem du dir jeden Tag ein paar Minuten einplanst und dir Zeit nimmst, deine Aufmerksamkeit zu trainieren. Du kannst ausprobieren, welche Art dir besonders gut liegt und wann die beste Uhrzeit dafür ist.

Starte mit maximal 5 Minuten und steigere dich dann von Woche zu Woche. Es geht hierbei nicht darum, nichts zu denken oder irgendwas besonders gut zu machen, sondern einzig und alleine, zu bemerken, dass du gerade denkst, fühlst und abgelenkt bist.
In Momenten, in denen du ein klein wenig Abstand zu deinen inneren Prozessen bekommst, hast du die Freiheit, dein Verhalten in eine andere Richtung zu bewegen, und zwar, in die von dir gewählte Richtung.

Eine weitere Methode, um etwas Abstand gegenüber deinen Gedanken zu bekommen und effektiver deine Ziele zu erreichen, ist deinem Verstand einen Namen zu geben. Suche dir einen Namen aus, der zu dem Kommentator in deinem Kopf passt. Du musst es auch niemandem sagen, wie er oder sie heißt. In Kombination mit den Achtsamkeitsübungen ist diese Methode besonders effektiv.

Dein Verstand wird sich mehr oder weniger mit allen möglichen Aussagen, die dich entmutigen oder blockieren, bei dir melden, besonders wenn du etwas anders machen willst. Das ist völlig normal. Sobald du es bemerkst, was dir durch das Achtsamkeitstraining leichter fällt, kannst du dich bei deinem Verstand bedanken und dich weiter auf die Aufgabe konzentrieren. Zum Beispiel, indem du innerlich sagst: „Danke Verstand (Name) für diesen Hinweis!".

Mach dir bewusst, dass es die Aufgabe unseres Verstands ist, mögliche Gefahren, Menschen und Situationen in Bezug zueinander zu setzen und zu kommentieren. Du kannst jedoch entscheiden, ob das was dir dein Verstand sagt, hilfreich ist oder nicht. Bringt es dich langfristig näher an dein Ziel oder nicht? Auf dieser Grundlage entscheidest du, ob du dem, was er dir sagt, folgst oder nicht.

Wie bereits erwähnt, können dich auch unangenehme Gefühle an deinem Vorankommen hindern. Wenn du nicht bereit bist, ein bestimmtes Gefühl zu haben, wirst du es erst recht haben. Die innere Welt der Gefühle funktioniert anders als die äußere Welt der Objekte.

Wenn wir ein bestimmtes Gefühl vermeiden, mag es uns kurzfristig erleichtern, langfristig wird uns Leben dadurch eingeschränkt. Unangenehme Gefühle entstehen sehr oft, wenn wir unsere Komfortzone verlassen, egal ob wir uns auf ein neues Ziel zubewegen, oder etwas verändern wollen.

Auch hier ist es erstmal wichtig, zu erkennen, dass wir den Impuls haben, die Situation zu vermeiden. Sobald wir das merken, haben wir die Wahl, ob wir weitermachen mit dem, was wir vorher schon getan haben, oder etwas verändern.

Auch unser Verstand findet in solchen Situationen mehr als genug Gründe, warum es besser ist, erst gar nicht anzufangen oder wieder aufzuhören. Damit du nicht mehr so leicht deine unangenehmen Gefühle vermeidest und Zeit damit verschwendest, sie zu bekämpfen, kannst du beim nächsten Mal innerlich „Ja!“ zu dem Gefühl sagen und dann beobachten, was passiert.

Suche dir zu diesem Zweck Situationen, in denen du das trainieren kannst. Ich übe das über den Tag verteilt in verschiedenen Situationen. Zum Beispiel dusche ich morgens kalt.
Mein Verstand gibt mir vorher Gründe, warum ich es heute nicht tun muss und ich habe ein Gefühl von Widerstand und Abwehr. Da ich aber derjenige bin, der Kontrolle über meinen Körper hat, mache ich es trotzdem und sage innerlich zu all den Gefühlen die auftauchen „Ja!”. Dadurch ist das unangenehme Gefühl nicht weg, allerdings verschlimmere ich es nicht durch meinen Widerstand. So fällt es mir dann

leichter, meine Angst zu begrüßen und „Ja" zu ihr zu sagen, wenn sie beim nächsten Mal auftaucht. Ich muss keinen Aufwand mehr betreiben, um Situationen zu vermeiden, nur damit dieses Gefühl nicht auftaucht.

Du kannst dich selbst fragen, ob du bereit bist, all die Gedanken und Gefühle zu haben, die auftauchen können, wenn du dir ein Ziel setzt, das dir wichtig ist. Denk dran, wenn du nicht bereit bist, es zu haben, wirst du es haben. Allerdings funktioniert es nicht, wenn du es nur haben willst, damit du es nicht haben wirst, weil dann willst du es in Wirklichkeit nicht haben. Unsere Gefühle lassen sich nicht von uns verarschen.

Übung 8: Dankbarkeit

Um abschließend dein ultimatives Mindset zu stärken und den angeborenen Fokus auf Negativität zu schwächen, ist der Aufbau einer Dankbarkeitsroutine sehr hilfreich. Dankbarkeit ist für viele Menschen eine Herausforderung. Doch auch, wenn du dich erstmal nicht dankbar fühlst, hilft es dir, einige Dinge zu notieren, für die du dankbar bist.

Nimm dir dazu dein Notizbuch und schreibe jeden Morgen mindestens 3 Dinge auf, über die du dankbar bist. Wähle dann eines davon und formuliere es aus. Ein Absatz reicht zu diesem Zweck völlig aus.

Merke: Hindernisse

Wer sich Ziele setzt, wird zweifelsohne auf Hindernisse treffen. Selbst dein eigener Verstand, der versucht, Ausreden zu finden und seinen Kontrollzwang auszuüben, ist eines dieser Hindernisse.

Deine Gefühle zu verstehen und anzunehmen, ist eine Grundvoraussetzung, um dich weiterzuentwickeln und Herausforderungen bestehen zu können. Eine wirksame Methode, um deinem Verstand den Fokus auf das Negative zu nehmen, ist die Übung Dankbarkeit.

Indem du Dankbarkeit empfindest, zeigst du eine Wertschätzung für fundamental Positives in deinem Leben.

Zusammenfassung

Du hast es geschafft: Das ***ultimative Mindset*** hat sich dir nun vollumfassend präsentiert. Alle Fakten, Erfahrungswerte und praktischen Tipps zu den wesentlichen Prinzipien des Lebens und Erfolgs hast du nun verinnerlicht – oder etwa noch nicht?

Es macht überhaupt nichts, falls du ein paar Punkte vergessen oder nicht mehr in aller Deutlichkeit im Kopf hast. Schließlich war es viel und, was noch wichtiger ist, gewichtiger Input.

Es lohnt sich also in jedem Fall, wenn wir einfach noch mal Revue passieren lassen, was wir in diesem Buch gelernt haben – ohne Umschweife und direkt auf den Punkt gebracht.

Der Weg zum Erfolg ist steinig und beinhaltet viel Leid und auch Tragödien. Wer Ambitionen hat und ein erfülltes Leben anstrebt, sollte sich dessen bewusst sein. Ebenso wichtig ist es, Verantwortung für unsere Entscheidungen und den Verlauf unseres Lebens zu übernehmen.

Das ist eine Grundvoraussetzung, um überhaupt ein ultimatives Mindset mit all seinen Eigenschaften und Attributen aufbauen zu können. Denn wer keine Verantwortung übernimmt, verweigert sich persönlicher Weiterentwicklung und damit auch dem ersehnten Erfolg.

Doch Erfolg bzw. das Erreichen eines Ziels oder der Eintritt eines bestimmten Ereignisses, das wir uns wünschen, hängt sehr stark von unserer Einstellung dazu ab. Unser Verstand, unsere Schwächen und unbewussten Handlungsmuster sind es, die uns immer wieder dazu verleiten, an uns zu zweifeln und uns in Ausreden und Vermeidung zu flüchten.

Das richtige Mindset ist das notwendige Gegengewicht dazu. Indem wir unsere Mentalität und Haltung optimal ausrichten, können wir perfekte Voraussetzungen für einen erfolgreichen Weg kreieren – für unser ultimatives Mindset.

Es werden sich immer wieder Hindernisse in deinen Wegen stellen. Genau in diesen Momenten gilt es, mit einem stabilen Mindset den Fehlern des eigenen Verstandes zu widerstehen. Und diese sind vielfältig: vom zwanghaften Kontrollverlangen, typischen Ausreden finden und Gefühlsüberwältigungen bis hin zu äußeren Einflüssen und Schicksalsschlägen.

Das Leben hält viele Herausforderungen bereit, mit denen du konfrontiert werden wirst. Dein ultimatives Mindset sorgt nicht nur dafür, dass du nicht daran zerbrichst: Nein, du wirst sogar daran wachsen!

Da das ultimative Mindset so wertvoll und wirksam ist, ist es also umso wichtiger, sich exakt darauf zu fokussieren, welche Eigenschaften dieses kraftvolle und dynamische Mindset ausmachen:

Die so ritterlich klingenden Attribute **Verantwortung, Motivation** und **Willenskraft**, aber auch existenzielle Punkte wie **Werte** und **Ziele** solltest du keinesfalls als Phrasen abtun, sondern deren Wichtigkeit und Tiefe erkennen.

Natürlich kannst du jederzeit in den entsprechenden Kapiteln nochmals nachschlagen, worauf es bei den spezifischen Charakteristika ankommt.

Eine letzte Empfehlung: Du bist jetzt gut ausgestattet mit theoretischem Wissen über das Leben und Persönlichkeitsentwicklung. All dein mühevolles Durchblättern und stundenlanges Lesen bringt dir aber nur wenig, wenn du deine neu erworbenen Kenntnisse nicht direkt in der Realität umsetzt. Das ist ein fundamentaler Erfolgsfaktor.

Genau dafür habe ich auch die wichtigen praktischen Übungen in die jeweiligen Kapitel eingebaut. Sie ermöglichen dir, die theoretischen Grundlagen in einer Praxiseinheit zu vertiefen und persönlich zu erleben.

So erhältst du abermals ein noch tieferes Verständnis der Inhalte und machst darüber hinaus einen gigantischen Schritt in deiner Weiterentwicklung!

Jetzt bleibt nicht mehr viel zu sagen, außer: Geh raus in die Welt, begib dich auf deine Reise und erreiche alle deine Ziele mit deinem ***ultimativen Mindset***!

PS: Wenn du wissen willst, wie ich dir persönlich und ganz individuell in meinem Premium Online Coaching helfen kann, lade ich dich zu einem kostenlosen Erstgespräch ein.

In dieser Sitzung

- erarbeiten wir deine nächsten Schritte in Richtung Erfolg und Zufriedenheit,
- legen wir deine Ziele fest und decken versteckte Herausforderungen, die dich davon abhalten, dein volles Potenzial zu entfesseln,
- geben wir deiner Motivation einen gehörigen Schub, um sofort die wichtigen Dinge anzugehen und deinen Erfolg zu maximieren,
- klären wir generell, ob eine gemeinsame und individuelle Arbeit sinnvoll und zielführend ist.

Melde dich hier zu deinem kostenlosen Erstgespräch an!

Über den Autor

Lutz Schmidt ist zertifizierter ACT Matrix Trainer, NLP Lehrtrainer und System-Coach. Mit seinem individuellen Mindset Coaching Programm hat er es sich zur Aufgabe gemacht, Menschen in ihrer persönlichen Entwicklung, Performance und Lebenszufriedenheit auf ein neues Level zu bringen. Durch seine jahrelangen intensiven Selbsterfahrungen und zahlreichen Ausbildungen ist Lutz Schmidt Experte darin was wirkungsvoll und nachhaltig zu einer tiefgreifenden Veränderung führt und gibt dieses Wissen in seinen individuellen Coachings weiter.

Lutz Schmidt ist Mitglied in der Association for Contextual Behavioral Science, die sich der Linderung des menschlichen Leidens und der Förderung des menschlichen Wohlbefindens durch Forschung und Praxis auf der Grundlage kontextbezogener Verhaltensforschung widmet.

Haftungsausschluss

Dieses Buch wurde unter größter Sorgfalt erstellt und ist als Ratgeber gedacht. Es enthält Meinungen und Erfahrungen des Autors und hat die Absicht hilfreiches Wissen zu vermitteln und den Leser in seiner persönlichen Entwicklung voranzubringen.

Die enthaltenen Konzepte und Strategien sind kein Ersatz für eine Therapie.
Verantwortlich für das eigene Handeln ist die betreffende Person. Der Autor übernimmt keinerlei Haftung für direkte oder indirekte Schäden, die durch den Inhalt des Buches entstehen.

NAME: Lutz Schmidt
ADRESSE: Maßbornstr. 65, 60437 Frankfurt
Web: https://performance-mindset.de
E-Mail: info@performance-mindset.de

Auflage 1
Autor: Lutz Schmidt

Bildrechte & Lizenzen
Bilder wurden mit entsprechenden Lizenzen erworben.
Autorenbild: Ulrich Schepp
Coverbild: Canva Pro Lizenz
Icons: designed by Freepik from Flaticon
Icons: stockio.com

Printed in Poland
by Amazon Fulfillment
Poland Sp. z o.o., Wrocław

72858326R00082